V

FRIEDRICH SCHORLEMMER

WORTmacht

und

MACHTworte

Eine Eloge auf die Leselust

RADIUS

Friedrich Schorlemmer, geboren 1944 in Wittenberge, studierte evangelische Theologie in Halle, war vier Jahre Studieninspektor am Sprachenkonvikt in Halle und danach sieben Jahre Jugend- und Studentenpfarrer in Merseburg. Seit 1978 Prediger an der Schlosskirche und Dozent am Evangelischen Predigerseminar in Lutherstadt Wittenberg; 1992 bis 2008 Studienleiter an der dortigen Evangelischen Akademie Sachsen-Anhalt. 1993 Friedenspreisträger des Deutschen Buchhandels. Ehrendoktor der Concordia University in Austin/ Texas (2002) sowie der Europa-Universität Viadrina (2014). Ehrenbürgerwürde der Lutherstadt Wittenberg (2015).

Von Friedrich Schorlemmer liegen folgende Bände im Radius-Verlag vor:

Den Frieden riskieren. Sätze und Grundsätze,
Pamphlete und Predigten, Reden und Einsprüche aus 20 Jahren

Die Weite des Denkens und die Nähe zu den Verlorenen
Einlassungen auf Texte des Evangelisten Lukas

Herausgegeben hat er zudem den Band

Das soll Dir bleiben. Für morgens und abends

ISBN 978-3-87173-067-2
Copyright © 2018 by RADIUS-Verlag GmbH Stuttgart
Umschlag: André Baumeister
Auf holz- und säurefreiem Werkdruckpapier gedruckt
Gesamtherstellung: CPI – Clausen & Bosse, Leck
Printed in Germany

Tua res agitur – Deine Sache wird verhandelt
Was Lesen mit uns macht

Der Prophet Nathan, eine Art Narr bei Hofe, der die Wahrheit sagen darf, ohne gleich um seinen Kopf fürchten zu müssen, wird zu David, dem König, geschickt und erzählt diesem eine Geschichte, die Geschichte des empörenden Raubes eines Reichen an einem Armen. Der eine, der alles hatte, nimmt dem anderen, der nur ganz Weniges hatte, was dieser zum Überleben brauchte. König David ist außer sich und will wissen, wer der Räuber sei, droht dem Täter den Tod an. Nathan sagt König David unumwunden: »*Du* bist der Mann. Du hast dem Uria die Frau weggenommen und dafür gesorgt, dass ihm das Leben genommen, dass er im Kampf umkommen wird.« Das Persönliche wird zum Politischen. Das Politische ist das Persönliche (vgl. 2. Samuel 12,1-24).

Wenn wir lesen, werden wir an- und aufgerührt oder aber gelangweilt, verstört, verzückt und beglückt. Denn Lesen ist ein mehrschichtiger Kommunikationsprozess, nämlich der Kommunikationsprozess des Lesers mit dem Autor. Kommunikation mit dem Text und der darin gefundenen Wirklichkeit, in der der Text angesiedelt ist – ob in der Vergangenheit oder in der Gegenwart oder in der Fiktion. Und schließlich eine Kommunikation der Empfindungen, die das Gelesene im Leser auslöst. Ich komme mit mir ins Gespräch. Ich fange an, mich zu entdecken, indem ich mich in anderes und andere hineinversetze. Manchmal fängt das mit einem ICH an, und von der ersten Zeile an kommst du hinein in eine andere Welt, oder du bleibst draußen und siehst nur das Ich des Autors, der dir fern ist. Oder er kommt dir eben nahe. Ganz nahe.

Und es kommt ein glücklicher Moment über dich. – »Ich ging im Walde so für mich hin…«

Wenn wir lesen, wird Welt in uns wachgerufen.

Das Glück und die Tragik, das Lachen und die Tränen, die Hoffnungen und die Sorgen, die Angst und das Vertrauen, die Begeisterung und der Abscheu, das Genießerische und das Öde, das ganz Schöne und das ganz Schreckliche, das Banale und das Gewichtige, das Unterhaltende und das Erkenntnisreiche – alles spielen wir durch, werden Mitspieler, tauchen in andere Welten ein, versetzen uns in andere Lebenslagen. – Also:

– Du nimmst Anteil an anderen und wirst identisch mit anderem.

– Du lässt dich hineinziehen in die Welt eines Buches, eines Gedichtes, eines Romans, eines Dramas.

– Du wirst angeregt und weggeführt. Du spürst, was du nicht erreichen konntest und was dir erspart geblieben ist.

– Du wirst Subjekt, du wirst ein Mitspieler, und dir wird mitgespielt.

– Du bist ganz gerührt und ganz verstört, aufgehoben und hinabgestoßen.

– Du weinst mit Gretchen und mit Effi. Du wirst ganz Momo oder Harry.

– Du verspinnst dich in Fantasy, du verzweifelst an den »neuen Leiden des jungen W.« und lässt dich erotisch animieren ausgerechnet über Heinrich IV.

– Du mogelst dich geschickt durch mit dem guten Soldaten Schwejk oder mit den Finessen des Felix Krull.

Es ist wieder Mai. Es ist wieder unglaublich. Es ist unfassbar: Die Knospen springen und du möchtest auch springen. Und wenn du nicht springen möchtest, dann hast du nichts mehr gesehen, nichts mehr erlebt, dann bist du ein ganz armes Schwein. Tot vor dem Tod – ein Schatten deiner selbst. Begeisterungslos. Taub. Blind. Leer.

Oder es drängt dich. Die ganze Symbolik des »Spring« im Englischen, in unserem Wonnemonat Mai, in dem dich die Vögel des Morgens wecken und du in das Gesumm der Bienen am Kirschbaum eintauchst, oder dass der trocken scheinende Ast zu einem Hoffnungssymbol wird, wie in dem Gedicht »Frühling« von Bert Brecht: *An einem dürren Ast ist eine Blüt' erblüht...*

Du identifizierst dich mit dem Liebhaber und mit der Betrogenen, mit dem Helden und mit dem Schuft, mit dem Gewinner und dem Verlierer, mit dem Begabten und mit dem Loser, mit der charmanten Schönen und dem Mauerblümchen.

Dir gelingt alles, dir gelingt nichts. Du entwickelst dich im Laufe des Geschehens und staunst, wozu jemand fähig ist, den du nie dafür gehalten hast, auch und gerade dich selber nicht.

Überall begegnet uns das *gnothi seauton* – Erkenne dich selbst.

Tua res agitur. Lesen, um sich besser zu verstehen und sich das Leben besser vorstellen zu können. Ich stelle mir vor, wie ich sein könnte, und wiederhole immer wieder Tat Tvam Asi: Nichts Menschliches ist mir fremd.

Und dann gibt es mehrere Möglichkeiten, das Lesen zu gebrauchen und zu brauchen:

– Lesen, statt zu leben.
– Lesen, um zu leben.
– Lesen, um nicht leben zu müssen.
– Lesen, um mit dem Leben fertig zu werden.

– Lesen, um das Leben zu verstehen.

– Lesen, um über meinen Alltag hinaus zu leben.

In jedem Lesen aber Durchspielen des Lebens. Du bekommst vor Augen geführt, wohin was führt. Die antiken Tragödien sind die Ursprünge der Demokratie, in denen das Verhältnis von Freiheit und Schicksal durchgespielt wird. Hier wird gezeigt: Es ist nicht nur alles Geschick, das dir widerfährt, sondern du hast auch Handlungsfreiheit, und andere Handlungen haben andere Folgen.

Ich stelle mir also nicht nur vor, wie ich sein könnte, sondern stelle mir auch vor, wie es anders sein könnte, wenn der, der da handelt, auch zu ganz anderem fähig ist – erschütternd oder erstaunlich.

Ich erfahre im Lesen, wie ich hätte sein können, und erfahre auch, was mir erspart geblieben ist – wenn man »Ein Tag im Leben des Iwan Denissowitsch« von Solschenizyn liest oder Jorge Semprun, Imre Kertesz, Bruno Apitz, Michail Scholochow, Wladimir Tendrjakow, Warlam Schalamow oder auch Hermann Kants »Aufenthalt«…

In die Tiefen und in die Abgründe des Menschen führt Shakespeare uns ein, genauso wie in das Reich der Philosophie und der beglückenden Albernheit. In »Abschied von Matjora« geht eine, geht meine Welt unter. Und im »Schwarm« wird das Fiktive das Erwartbare.

Was wäre aus uns geworden, wenn wir nicht das »Tagebuch der Anne Frank« gelesen oder Wolfgang Borcherts Hörspiel »Draußen vor der Tür« gehört hätten oder in Lublin und Majdanek an die »Kinderschuhe von Lublin« nicht nur erinnert würden, sondern etwas ganz real vor uns sähen. Von den vergasten Kindern nur noch die Schuhe. Das ist alles erst 70 Jahre her – und die Auschwitzbefreier wurden zur Erinnerungszeremonie nicht eingeladen. Plötzlich wieder die Gespenster der Geschichte vor uns…

Ich erkenne mich in einem Roman. Ich bin Thomas oder Toni im »Verfall einer Familie«. Dann entdecke ich den Zusammenhang und die Differenz zwischen »Dichtung und Wahrheit« und lese Inge Jens' Bestseller »Frau Thomas Mann«. Da bin ich der ernste Thomas, die kokette Toni und der zum Alleinunterhalter tendierende Christian. Und du weißt, dass du nie so werden möchtest wie der unerträgliche Bendix Grünlich.

Du willst dich und deine Welt erkennen. Du willst alles begreifen, ja den Sinn finden. Du willst wissen, was die Welt im Innersten zusammenhält. Du willst dich entführen lassen aus der Enge deiner kleinen Stadt Salzwedel, Wittenberg, Czernowitz und Dublin.

Du bist Odysseus, der Umherirrende – nur eben einige Nummern kleiner. Du steigst mit Hermann Hesse deine Lebens-Stufen hinab und hinauf. Du lernst den Monolog im Hamlet: »Sein oder Nichtsein. Das ist hier die Frage…« Du willst mit dem jungen Sturm-und-Drang-Goethe »leiden oder triumphieren, Amboss oder Hammer sein«.

Du findest dich ein in das große Buch der Psalmen in der Bibel, übersetzt von Martin Luther, Martin Buber und Ernesto Cardenal.

Ich lese die Psalmenübertragung des Psalm 1 von Arnold Stadler – just am Tage nach einem Parteitag der AfD.

Wunderbar der Mann,
der nicht aufs Volk hört,
den Leuten nicht nach dem Maul redet
und am Stammtisch bei denen herumsitzt,
die immer alles besser wissen.
Das ist ein Mann, der nichts als Freude hat
am Herrn, der ihm den Weg weist,
Tag und Nacht.

Er wird ein Baum sein,
direkt am Wasser.
Er wird zur rechten Zeit seine Früchte
tragen.
Seine Blätter werden nicht welken.
Wo er steht, steht's gut um ihn.

Dagegen die Vergeblichen:
Sie sind nichts als Spreu,
vom Wind verweht.
Daher werden die Abwegigen nicht stehen
in der Reihe der Aufrechten, beim Gerichtstermin,
von wegen jene, die ganz abgekommen sind,
wenn Richttag ist.
Denn den Weg der Aufrechten richtet
und weist der Herr,
der Weg der Verirrten hingegen
führt von selbst zum Abgrund.[1]

Und dann bin ich bestürzt von so viel Aufrichtigkeit in
Psalm 116,10-14:

Ich habe immer auf dich gehofft,
gerade wenn ich jedem sagte:
»Es ist alles umsonst!«

Mir verschlug es die Sprache, als ich erfahren
mußte:
Die Menschen lügen. Alle.

Doch wie kann ich dem Herrn danken für das,
was er mir Gutes getan?

---

[1] Arnold Stadler, Die Menschen lügen. Alle, Insel Verlag Frankfurt am
Main und Leipzig 1999, S. 15.

Ich will das Glas erheben
und auf ihn trinken.
Ich will erfüllen,
was ich versprochen habe,
vor der ganzen Welt.[2]

Und wer Gedichte liebt, findet in jeder Zeile das Klopfen des Blinden auf den Boden, anzeigend: Ich bin auf sicherem Boden.

Ja, es gibt Zeilen, die tragen und nicht nur stimmen. Aus dem Mittelalter wird der Spruch überliefert:

Ich bin, weiß nit wer,
ich komm, weiß nit woher.
Ich geh, weiß nit wohin,
mich wundert, dass ich fröhlich bin.

Literatur hat es an sich, dass sie Antworten gibt, aber auch die richtigen Fragen stellt und nicht auf alles eine Antwort hat.

Am schrecklichsten sind die Humorlosen, aber sie lassen sich durch die Humorvollen auch wunderbar karikieren.

Wer möchte schon leben ohne Joachim Ringelnatz und Kurt Tucholsky, ohne Eugen Roth und Christian Morgenstern, ohne Robert Gernhardt und Peter Ensikat, ohne den Scharfsinn von Lec und Lichtenberg, die Geistesgegenwärtigkeit der Kabarettisten überhaupt, insbesondere eines ihrer größten, schnellsten, heitersten, geistreichsten, verstorbenen, aber irgendwie nie toten: Dieter Hildebrandt.

---

[2] A. a. O., S. 85.

Ich will den Theologen nicht verleugnen, schon gar nicht den von Luther begeisterten Bibelleser, der in seiner Vorrede zu den Psalmen geschrieben hatte:

Denn ein menschliches Herz ist wie ein Schiff auf einem wilden Meer / welches die Sturmwinde von den vier Orten der Welt treiben. Hier stößt her / Furcht und Sorge vor zukünftigem Unfall. Dort fährt Grämen her und Traurigkeit / von gegenwärtigem Übel. Hier webt Hoffnung und Vermessenheit / von zukünftigem Glück. Dort bläst her Sicherheit und Freude in gegenwärtigen Gütern.

Solche Sturmwinde aber lehren mit Ernst reden und das Herz öffnen / und den Grund herausschütten. Denn wer in Furcht und Not steckt / redet ganz anders von Unfall / als der in Freuden schwebt. Und der in Freuden schwebt / redet und singt ganz anders von Freuden / als der in Furcht steckt. Es geht nicht von Herzen / (spricht man) wenn ein Trauriger lachen / oder ein Fröhlicher weinen soll / das ist / Seines Herzens Grund steht nicht offen / und ist nicht heraus...

Aber:

Wo findet man feinere Worte von Freuden / als die Lobpsalmen oder Dankpsalmen haben? Da siehst du allen Heiligen in's Herz / wie in schöne anmutige Gärten / ja wie in den Himmel / Wie feine herzlich erfreuende Blumen darinnen aufgehen von allerlei schönen fröhlichen Gedanken gegen Gott / um seiner Wohltat willen...

Du findest Worte darinnen, die sich auf Deine Sachen reimen und Dir so eben sind, als wären sie allein um Deinetwillen also gesetzt...«

Wie viel wird im Innersten in unseren Angstträumen und Tagesängsten abgearbeitet oder bleibt unbearbeitet liegen? Und da helfen dir fiktive Doppel- und Dreifach-identitäten – durch Lektüre, durch eine Literatur, in der du versinkst oder eben »aufgehoben« wirst, dich bestätigt siehst oder dich befragst, erschüttert wirst oder auf eine geheimnisvolle Weise beruhigt, vergewissert wirst. Als Herr K. oder/und als ahnungslos Angeklagter in Kafkas Prozess, als Anna Karenina, als Robinson oder als braver Soldat Schwejk, als Anne Frank oder als der »Diktator«.

Wer nicht mit Märchen – auch mit den grausigen! – aufgewachsen und beim Zuhören allabendlich aufgeregt oder eingeschlafen ist, der weiß nicht viel von den Freuden und den Abgründen des Lebens. Da gehst du mit bei Hänsel und Gretel, bangst um Schneewittchen und die sieben Geißlein. Da bist du unter den sieben Schwaben oder fühlst dich bei den Bremer Stadtmusikanten als der Köter, der arme. Da bist du der, der auszieht, das Fürchten zu lernen, oder bist das mutige Kind, das den Kaiser und seine neuen Kleider befreiend und entlarvend als durchsichtiges Nichts benennt. Nackt ist er, dieser eitle Macht-Geck, unter lauter Speichelleckern.

Alles durchlebst und durchleidest du und vieles bleibt dir auch geheimnisvoll unerklärlich. Aber die Ängste, die Erlösung, das Eingesperrtsein, das Aussteigen und Aufsteigen erlebst du mit und willst nicht sein die »Pech-Marie«.

Du empörst dich über den Fischer, der immerzu aufs Falsche, auf seine von unendlicher Gier nach Mehr und Höher zerfressene Frau hört – und am Schluss wegen höchster Hybris wieder mit ihr zusammen in seinem elenden Pisspott – mit allem Recht – landet. Gier ist tödlich. – Und wenn sie nicht gestorben sind, so leben sie noch heute.

In Tolstois späten Erzählungen findest du eine erschütternde Metapher für das Drama unsrer global von Gier zerfressenen Welt. »Wieviel Erde braucht der Mensch« – dass der Sarg hineinpasst.

Und du wanderst als Senior mit Fontane durch die Mark Brandenburg, dich erinnernd, was einmal Preußen war.

Oder dir werden die Wanderdünen in Nidden mit dem Hause der Familie Thomas Mann zum Gleichnis.

Wo »die Vögelein schweigen im Walde« am Kickelhahn, dort schweigst du jetzt im sturmgezausten Walde.

Du entschwindest in ferne Welt und Zeit – mit Doris Lessing nach Südafrika oder mit Philipp Roth in den menschlichen Makel nach Nordamerika, in die Irrfahrten des Odysseus.

Warum lesen?
Weil es Spaß macht.
Weil es mir Abstand schafft.
Weil es mich (auf-)klärt.
Weil es mich entführt.
Und weil es mich entschlackt, weil es mich aufbaut.
Weil es mich bereichert.
Weil es mich erschüttert und beglückt

Wortmacht und Machtworte

Es war eine anrührende Begegnung, als am 15. November 1989 der Kohlefahrer an meiner Wohnungstür klingelte und mir eine selbstgefertigte Karte von den Frauen aus seinem Büro überbrachte. Darauf stand: »Wir danken allen, die uns unsere Sprache zurückgegeben haben.«

Also waren wir mit unserer Sprache für einen Moment lang auch bei der Brigade des Kohlehandels angekommen. Welch ein beglückender Moment.

Wer in seinem Leben mehrfach Bücher außer Haus geschafft hat, dazu die Abschriften, Durchschriften, privaten Aufzeichnungen, Tagebücher, Adressbücher, der hat nicht nur eigene Gedanken gehabt, sondern von den Gedanken anderer gelebt, die er mitverstecken musste.

Oft habe ich, wenn ich wegfuhr, zwei große Taschen zunächst irgendwo auf dem riesengroßen Boden des Augusteums in Wittenberg versteckt (nicht in meinem eigenen Verschlag) und dann habe ich sie immer auf die Toilette meiner Nachbarn, des Propstes Hans Treu und seiner Frau, geschafft. (Nicht ahnen konnte ich, dass man längst in meine Wohnung eingedrungen war und alles abgelichtet hatte.)

Aber wer das hinter sich hat, der behält ein so befreiendes wie schweißtreibendes Verhältnis zur Literatur. Bücher waren Kostbarkeiten, Freiheitsboten, Erkenntnisbeförderer, Mutmacher – jedenfalls mehr und anderes als heutzutage.

Es stand für mich nicht nur das Werk des Autors da, sondern auch der Autor selbst mit seinem Engagement. So haben wohl viele in der DDR anders, nämlich existenzieller, gelesen als im deutschsprachigen, abgeteilten Deutschland hinter der Mauer, jenseits der Mauer.

Ich habe in meiner Arbeit als Studieninspektor, als Studentenpfarrer und sodann als Dozent am Evangelischen Predigerseminar die Literatur nicht nur genossen und als etwas Aufrichtendes und Klärendes erfahren, ich habe sie auch genutzt.

Eines von hunderten Dokumenten seit der Überwachung seitens der Staatssicherheit von 1977 sei eingefügt:

Abschrift BSTU-Kopie – 1977 Stand der operativen Bearbeitung

Es wurden umfangreiche, inoffizielle Beweise erarbeitet, daß SCHORLEMMER seit seinem Amtsantritt in Merseburg kontinuierlich Aktivitäten einer feindlich-negativen Beeinflussung von Studenten der TH Merseburg im Sinne mündlicher und staatsfeindlicher Hetze unternimmt, deren Analysierung folgende Zielstellung erkennen läßt:

1. Bewußtseinsmäßige Abgrenzung teilweise religiös eingestellter Studenten der TH Merseburg von der sozialistischen Entwicklung in der DDR

2. Schaffung von Voraussetzungen zur Bildung eines religiösen Untergrundes im Sinne negativ-klerikaler Kreise

Unter Propagierung des »Demokratischen Sozialismus« und des sogenannten »Prager Frühlings« konzentriert sich SCHORLEMMER zur Durchsetzung seiner feindlichen Zielstellung in seinen mündlichen hetzerischen Äußerungen auf folgende erkennbare Schwerpunkte:

1. Angriffe gegen die sozialistische Ideologie
2. Angriffe gegen die Staats- und Sicherheitsorgane

3. Angriffe gegen die führende Rolle der SED

4. Angriffe gegen das Verhältnis von Staat und Kirche

Zur Unterstützung seiner feindlich-negativen Beeinflussung bedient sich SCHORLEMMER des Auftretens von »Gastreferenten« aus kirchlichen Einrichtungen innerhalb der DDR und in Ausnahmefällen aus der BRD sowie von Personen aus negativ-feindlichen Künstlerkreisen vor der ESG Merseburg. U. a. traten z. B. Rainer [sic!] *KUNZE sowie die Bettina WEGENER-SCHLESINGER auf.*

Mit gleicher feindlicher Zielstellung propagierte SCHORLEMMER Schriften mit antisozialistischem Charakter im engeren Kreis der ESG; bezog sich dabei überwiegend auf aktuell politische Ereignisse. Insbesondere wurde durch ihn das Machwerk

»Die Alternative«

von BAHRO einem kleinen Kreis von ESG-Mitgliedern zugänglich gemacht und mit seiner Duldung verbreitet.

Die Materialien mit antisozialistischem Charakter bezieht SCHORLEMMER überwiegend von konfessionell gebundenen Kontaktpersonen aus der BRD/WB, zu denen enge postalische und persönliche Verbindungen bestehen.

Zum Thema »Forderungen der Freiheit« fand im Juni 1977 in Bad Lauchstädt (in der Nähe von Merseburg) ein Jugendseminar statt, an dem einige Studenten der Hochschule für Chemie »Carl Schorlemmer« und Jugendliche aus dem Landkreis teilnahmen. Ich war von 1971 bis 1978 Jugend- und Studentenpfarrer in Merseburg.

Die übereifrige und bestlegendierte Spitzelin Marion Staude schrieb u. a. detailliert auf, mit welchen Themen und Autoren wir uns auf dem Seminar beschäftigten. Ihr

IM-Bericht ist vom 4. Juni 1977 datiert. Auszüge aus dem »Big-Brother«-Alltag der DDR sollen hier gekürzt, aber wörtlich wiedergegeben werden:

»Zunächst sammelten wir Formen der Freiheit: Meinungsfreiheit, Gedankenfreiheit, Versammlungsfreiheit, Organisationsfreiheit, Glaubensfreiheit, Freiheit, nicht zu arbeiten, Informationsfreiheit ...

Das Gespräch wurde fast ausschließlich von F. S. bestimmt. Die Freiheit ist eine unteilbare Sache. Freiheit gibt es ganz oder gar nicht. Man kann die Freiheit nicht in Scheibchen schneiden ...

Versammlungsfreiheit ohne Redefreiheit ist sinnlos, ebenso wie Freiheit ohne Alternative sinnlos ist. Man muß wählen können.

Kritikfreiheit heißt, daß der, der kritisiert wird, auch fähig sein muß, selbst zu kritisieren. Unfreiheit ist Ausdruck von Unsicherheit. Wenn sie Freiheiten zulassen, müssen sie Angst haben, daß sie ihre Macht verlieren. Freiheit ist immer mit Macht verbunden. Bsp.: 1968 Abstimmung zur Verfassung – Es war ja nicht mehr auszuhalten. Überall, wo man hinging, hingen die Zettel, stimmt mit ja, und dann die Argumente, weshalb. Als in der Nacht einige mit Kreide ein ›Nein‹ an die Wände schrieben (mich hätten sie auch bald erwischt), war in Halle ganz schön was los. Die Staatssicherheit hatte ganz schön zu tun. Sie liefen mit Wasser und Eimer durch die ganze Stadt und entfernten die ›Nein‹. Sie konnten es sich ja auch nicht leisten...

Das Volk war schon nicht mehr mündig. Zur Freiheit gehört Zivilcourage, innere Risikobereitschaft, Pflicht zur Information.

Freiheit braucht Regeln. Sie kann nicht immer in die Praxis umgesetzt werden. Die Würde des Menschen besteht in der Freiheit. Das Tier muß (Instinkt), der Mensch muß nicht.

Zur Freiheit gehört die Einsicht, warum es so ist. Zur Einsicht gehören aber Informationen. Man muß sich einfach mal die Freiheit nehmen, den Leuten von der Staatssicherheit auf der Straße ›Guten Abend‹ zu sagen, zu sagen ›Guten Abend, Sie kennen mich schon!‹, ihnen ein Zeichen zu geben, daß wir wissen, daß sie da sind.

Diese Leute sind im Innersten zutiefst unfrei. F. S. wandte sich zu SCHILD: Weißt Du, letztens, der uns hinterherkam? Später kam er mir wieder entgegen. Ich bin ihm ganz ruhig entgegengegangen, genau auf ihn zu, bin nicht ausgewichen. Als er auf eine Entfernung (3 m) heran war, schaute er nach oben und wich aus...

Nach 1 Stunde mußte das Gespräch abgebrochen werden. Es wurden durch die Jugendlichen Bockwürste gegrillt. Außerdem las F. S. noch Gedichte von Eisenberger und aus dem Buch ›Beim Wort genommen‹ von Günter Cwojdrak, 1975 Eulenspiegelverlag.

Gegen 20.45 Uhr fuhren die meisten mit der Bahn nach Merseburg. EISENSCHMIDT und HAESE liefen zurück. Während der Fahrt kam F. S. nochmals auf die Gesprächsrunde zu sprechen. Voll Stolz sagte er: Heute habe ich ja wieder in höchstem Maße staatsgefährdende Sachen gesagt, wie man es in der DDR ausdrückt.

Während des Urlaubs ist GISELA NOACK im Besitz der Wohnungsschlüssel.

Da vor der Abfahrt 13.00 Uhr noch Zeit war, bat ich F. S., mir die Charta 77 zu lesen zu geben. Er sagte, daß es für uns unwahrscheinlich wichtig ist, zu wissen, was sie beinhaltet. Die Charta war ein Schreibmaschinen-durchschlag (3 Seiten A4, engzeilig). Die QUAASDORF und NOACK, GISELA interessierten sich dafür nicht.

Während des Jugendseminars sangen wir unter anderem auch ›Die Gedanken sind frei ...‹. Dieses Lied wurde von F. S. mit den Liederheften der ESG verteilt. Anschließend hat F. S. die Liederhefte und die A4-Blätter wieder eingesammelt.

Vor einiger Zeit lieh ich mir ein Liederheft aus der ESG bei MILZ aus. Bisher habe ich es noch nicht zurückgegeben. Bei evtl. Anfragen werde ich sagen, daß ich das Heft an einem folgenden Tag wieder zurückgelegt habe.

Als wir in der Gesprächsrunde über ›Forderungen der Freiheit‹ sprachen, sagte F. S.: Ich bin frei, wenn ich etwas gegen den Staat sage und nicht nur denke. Noch mehr Freiheit habe ich, wenn ich weiß, daß z. B. Marion für die Sicherheitsorgane arbeitet, und sage es trotzdem.

Ich saß unmittelbar rechts von ihm.

Gez. Karin«

Soweit der Stasibericht über das Jugendseminar. Mit Eisenberger – gemeint ist Enzensberger – und Camus.

Und sie selbst schreibt, dass sie direkt neben mir saß und es genoss, dass kein Verdacht auf sie gefallen war.

Habt keine Furcht! Diese Sätze aus dem Matthäusevangelium machten konkret bedrängten Jugendlichen und Studenten Mut, zumal in dieser frischen, lapidaren Sprache.

In der Aussendungsrede des Evangelisten Matthäus heißt es in der Übersetzung nach Walter Jens in seinem Buch »Am Anfang der Stall, am Ende der Galgen«:

Geht und verkündet:
Nah ist das Reich der Himmel.

Heilt die Kranken,
Weckt die Toten auf,
Reinigt die Aussätzigen,
Jagt die Geister davon!

...

Ihr seid Schafe,
und ich schicke euch unter die Wölfe.
Da müsst ihr klug sein,
klug wie die Schlangen,
und ohne Schuld
wie die Tauben.

...

Habt keine Furcht!
Fragt nicht:
Was soll ich sagen?
Wie muß ich sprechen?
Euch wird gegeben,
wenn die Stunde kommt,
wie ihr zu sprechen habt.

...

Nein, fürchtet sie nicht!
Entdeckt werden wird:
das Versteck.
Erkannt werden wird:
das Geheimnis.
Was ich in der Dunkelheit sage,

zu euch,
sagt es am hellen Tag,
und schreit,
was euch ins Ohr geflüstert wird,
herab von den Dächern!

Fürchtet euch nicht vor den Menschen.

...

Es stürzt kein Spatz auf die Erde herab,
wenn euer Vater nicht will:
Und zwei Spatzen
kauft man für einen einzigen Pfennig!
...

Nein, fürchtet euch nicht!

...

Wer sein Leben gewinnen will,
wird es verlieren,
doch wer es, um meinetwillen, verliert,
wird es gewinnen.

Jugendliche trugen ein kleines Heftchen mit sich, mit vielen Versen, Gedanken und Gedichten, vervielfältigt auf Ormig-Matritzen.

Wie ein Wunder: Sie sind noch heute nicht verblasst, sind noch immer gut zu lesen. Aber man trägt sie nicht mehr mit sich in der Brusttasche, in Zeiten des Smartphons. Wo immer alles verfügbar ist, wird alles gleich-gültig. Und Widerstand macht stark und selbstgewiss.

Und lässt sagen das Verschwiegene.

Wo nötig auch schreien. Bringt das Verborgene ans Licht. Mit der Macht des Wortes gegen das Wort der Macht.

»Kunst ist eine Waffe«, dieses Diktum von Friedrich Wolf hatten wir in der Schule mehrfach behandelt und darüber Aufsätze geschrieben. Ja, Literatur wurde zu einer »Waffe« der Freiheit. Und zu einer Quelle für Selbsterkenntnis und Gesellschaftsanalyse.

Ich habe sie gebraucht im Kampf um uns selbst, um unsere innere Würde, um unseren aufrechten Gang und um die Vergewisserung über Menschen, denen Wahrheit als Lebenselixier galt und die allgemein gewordenes Lügen abstreiften. Lüge als Gift für menschliches Miteinander.

So hat vor nunmehr dreißig Jahren Franz Fühmann auf der »Berliner Begegnung zur Friedensförderung« (13./14.12.1981, einberufen und geleitet von Stephan Hermlin, eröffnet mit Beiträgen der ausgewiesenen »Atomexperten« Klaus Fuchs und Robert Jungk) u. a. gesagt:

»Es ist ein tragisches Paradox, dass die Menschheit imstande wäre, sich zu vernichten, bevor sie sich noch gebildet hat. Die Selbstvernichtung als Akt der Konstituierung.« Im Aufbegehren von Bürgern unseres Planeten sieht er eine positive Konstituierung der Menschheit als *einer.* »In diesem ihrem universellen, sich über nationale, religiöse, staatliche wie ideologische Schranken hinwegsetzenden Charakter liegt der erste Ansatz zu dem, was man Weltinnenpolitik von unten nennen könnte. Das Aufsprengen eines Teufelskreises, darin Misstrauen vermehrte Rüstung und vermehrte Rüstung vermehrtes Misstrauen zeugen.« Die Grundlage des von Feindbildern befreiten Denkens sei Wahrhaftigkeit, zuerst gegen sich selbst. Mit Immanuel Kant sieht er in der Lüge den eigentlichen faulen Fleck in der menschlichen Natur. Krieg und Lüge sprießen aus einer Wurzel. Solche Gedanken waren natürlich innenpolitischer Sprengstoff, weil sie darauf verwiesen, dass Frieden kein isolierter höchster Wert ist und dass Frieden ideologische Grenzziehungen oder Alleinvertretungsansprüche nicht verträgt.[1]

(Und wie weitreichend das gilt, demonstrierten die Lügen des Irakkrieges 2003 und das Sich-selbst-Betrügen im Afghanistankrieg seit 2001.)

Ich nahm die Diskussionsbeiträge des Schriftstellertreffens von 1981 vom Westrundfunk und -fernsehen auf dem Kassettenrecorder auf. Wir schrieben die für uns griffigsten Beiträge in mühsamer Kleinarbeit in wesentlichen Passagen in meiner Wohnung dann auf Ormig-Matrizen ab und verbreiteten sie. Das konnte doch nicht verboten werden, das konnte doch zitiert werden, war es doch auf dem Territorium der DDR gesagt worden! Weltinnenpolitik von unten – das war es, was uns in der Überlebenssorge mit der Friedensbewegung im Westen verband.

Das stärkte unsere Friedensbewegung, vor allem die Äußerungen der Schriftsteller aus dem Osten, ob Daniil Granin oder Christa Wolf, Stefan Heym und Rolf Schneider. Friedensarbeit war für uns keine verkappte Wühlarbeit gegen das System, sondern ein Protest gegen den Irrsinn atomarer Hochrüstung mit unkalkulierbaren Risiken für alles Leben. – Schriftsteller als grenzüberwindende Friedenstrauben.

Zur Friedensdekade 1982 unter dem Motto »Frieden schaffen aus der Kraft der Schwachen« sprach ich im November 1984 in der überfüllten Reglerkirche in Erfurt:

---

[1] Berliner Begegnung zu Friedensförderung. Protokolle des Schriftstellertreffens, Luchterhand, Darmstadt 1982, S. 101ff.

Ich spreche über die Taubenfederliteratur, also über Literatur, die mir auf Taubenfüßen herübergekommen ist. Ich weiß, dass es auch eine andere Literatur gibt, Wortgeschosse gegen Feinde. Und es gehört heute zum guten Ton, dazuzusagen, dass auch dies dem Frieden diene. Dies alles lass ich beiseite und wende mich der Taube zu, der arg gerupften, in einer geteilten Welt, der Taube, die dazwischenfliegt. Grenzgängerin. Sie trägt keine Bomben, sie trägt Friedensbriefe. Die Taube mit dem Ölzweig, kommend auf diese Erde aus dem Regenbogen des Friedens. Das ist das Zeichen unserer diesjährigen Friedensdekade. Der Regenbogen und die Taube. Mehrfach gebrochene Metapher in der Literatur.

1981 begann ein Gespräch von Schriftstellern über den Frieden, die uns in Atem gehalten haben. Schriftsteller mischten sich ein in aktuelle Politik – in der Solidarität von Betroffenen, Bedrohten. Sie erprobten die Friedensfähigkeit im Dialog. Ich beginne mit der Taube, mit dem Streit über die weiße Taube auf blauem Grund und wer sie für sich beanspruchen darf.

»Geteilte Welt
Die Friedenstaube
ist in aller Mund:
die einen hungert's nach Frieden
die anderen nach der Taube.«

So Franz Hodjak aus Rumänien. Die einen also hungert's nach Frieden, nach der Gerechtigkeit, dass sie zu essen haben, und die anderen haben zu essen, aber sie lesen auch täglich die Wasserstandsmeldung der Sintflut.

Unsere Vernichtungskapazitäten, angehäuft zu Lande, zu Wasser und in der Luft. Heinz Czechowski fragt:

»Den eisenbeschlagenen Himmel zerbrechen?
Mit Worten?«

Ja, dieses Vertrauen habe ich und will ich nicht auf-
geben; ich hätte auch sonst meinen Beruf als Pfarrer,
also als ein Mensch, der hauptsächlich mit Worten um-
geht, aufgeben müssen. Der Macht der Worte trauen,
und nicht der Gewalt das Wort reden.
Die schwierigen Wahrheiten sagen, wo die einfachen
Wahrheiten in Stellung gebracht werden. Erinnern, ge-
denken, aufbewahren menschlicher Geschichte, wo
Vergessen zur Wiederholungsgefahr wird. Durchschau-
bar machen, was verschleiert wird, aufdecken, was ver-
deckt wird, sagbar machen, was verschwiegen wird, Er-
kenntnisse so vermitteln, dass es schön ist. In der Liebe
zum Leben Vernunft und Gefühl wieder zusammen-
bringen. Mitleiden und Hoffen wecken, wo die Kälte
unsere Herzen uns von uns selbst entfremdet hat. Über
Grenzen hinweg einander verstehen lehren, wo Ab-
grenzung voneinander Bilder, Feindbilder entstehen
lässt. Fantasie wecken, dem Nicht-Ort Utopie einen Ort
geben, wo die Fantasielosigkeit des Wer-Wen in unserer
Welt diese Welt an den Ab-Grund bringt.

Es war nicht zuletzt die Taubenfederliteratur, die in der
weltweiten Friedensbewegung die Akzeptanz der Hochrüstung unterminierte und den Abrüstungsgesprächen
gesellschaftlichen Druck zufügte – in Ost wie West. Den
Dissidenten, die staatsoffiziell Staatsfeinde oder feindlich
negative Kräfte hießen, war eine gebrochene, aber nie
ganz aufgegebene Hoffnung eigen. Volker Braun schrieb:
»Die Hoffnung lag im Weg wie eine Falle«. Sehr viel früher hatte Wolf Biermann formuliert: »Wer uns die Hoff-

nung predigt, ist ein Lügner, wer sie uns nimmt, ist ein Schuft.«

Solche Zitate und Versatzstücke scheinen im Rückblick recht banal, waren aber damals wichtige Stützen. Und in einem Willkürstaat mit einer allumfassenden, real und geistig eingemauerten Ideologie haben wir uns in der Grenzen sprengenden, (in)direkt systemkritischen Literatur analytisch und systematisch wiedergefunden. Wer las denn nicht den »König David Bericht« von Stefan Heym als eine Parabel über das bolschewistisch-stalinistische System – wie gegen jedes Machtsystem, das seine Verbrechen ideologisch kaschiert? Zugleich war dies eine sehr gut recherchierte biblische Geschichte. Das gab es also schon einmal. Es war nur die Frage, wie jeder selbst darin als Mensch bestehen würde.

Ich identifizierte mich mit den Frauen am Skamander in Christa Wolfs Erzählung »Kassandra« – mit jenen Frauen und Männern zwischen den Fronten, die diese tödlichen Fronten nicht anerkennen wollten, zwischen Griechen und Troern. Da hieß es bei Christa Wolf: »Höchstes Vorrecht genießen zu dürfen, in die finstere Gegenwart, die alle Zeit besetzt hält, einen schmalen Streifen Zukunft vorzuschieben.«

Und dann kommt der so Mut machende wie unmöglich scheinende Gedanke hinzu: mit beiden Beinen auf der Erde zu träumen. Mitten in der DDR zu träumen, von einer anderen DDR, von einem Land, das es dann ganz überraschend vom 18. Oktober 1989 (der Ablösung Erich Honeckers) bis zum 18. März 1990 (den ersten demokratischen Wahlen) gegeben hatte.

Einen Traum hatte ich mir erlaubt, anschließend an die Vision des Johannes auf Patmos in seiner sogenannten Apokalypse.

Die Zukunft der Menschheit wird nicht als vollendeter Individualismus – jedem seine Nische! –, sondern als vollendete Gemeinschaft in einer vollendeten Stadt gedacht. Wie die Welt als paradiesischer Garten begann, so vollendet sie sich in der paradiesischen Stadt – in einer Stadt, die ökonomisch, ästhetisch, ökologisch und ökumenisch vollkommen ist. Reich und schön, gerecht und gewaltfrei, wasser- und baumreich, völkeroffen. Eine weltoffene Stadt. »Einhergehen werden die Völker – alle! – im Glanz dieser Stadt«, deren Tore offenstehen, deren Marktplatz ist wie durchscheinendes Glas (21,21.25). Eine durchsichtige, eine Glasnost-Stadt, mit lauter offenen Toren, wo die große und hohe, die edelsteinbestückte Mauer Ausdruck der Geborgenheit und Vollkommenheit – nicht des Misstrauens und der Abgrenzung – ist. Eine wunderschöne Mauer, kaum vorstellbar: sie gehört in das »Reich der Freiheit«, nicht in das »Reich der Notwendigkeiten«. (Das gilt es angesichts des Glanzes und des Elends unserer Weltstädte und dieser Stadt zu sehen, zu hören, zu bestaunen)
Der Zukunftshorizont ist nicht Nacht, sondern Tag,

Gewöhnen wir uns nicht das Träumen nach vorwärts ab und lassen wir uns das nicht abgewöhnen. So wie wir uns nicht mit der realen Kirche abfinden, sondern uns auf den Weg zur wahren Kirche machen, so sollten wir uns auch nicht mit dem realen Sozialismus begnügen, sondern zum wirklichen unterwegs bleiben. Unsere Wirklichkeit braucht den Traum, den gemeinsamen Traum. Es werden nicht alle Blütenträume reifen, aber wir werden unterwegs bleiben – und Menschen werden, die die mühevollen Schritte in die Richtung der Träume mitgehen, auch in den Ebenen der DDR: Wir werden nicht das »himmlische Jerusalem« bauen – ebenso we-

nig, wie dies im 16. Jahrhundert der christlichen Stadt Wittenberg, Straßburg oder Münster gelang –, aber wir werden das jetzt und morgen Mögliche nur erreichen, wenn wir mehr träumen, mehr wollen als das, was jetzt gerade möglich ist.

Solches Träumen schießt über – und braucht dann auch wieder den nüchternen Blick des praktisch Möglichen. Christsein könnte dann heißen: die Differenz zwischen Heute und Morgen, Pragmatischem und Utopischem, Wirklichem und Erhofftem auszuhalten, durchzuhalten und nicht zur einen oder zur anderen Seite abzukippen. Also: Schauen und bauen, innerste Intensität und äußerste Aktivität!

So sehe ich die rundum grüne Stadt Berlin gedeihen, die kranken Bäume erholen sich und mitten durch die Stadt führt ein von Ost und West bestaunter breiter Grünstreifen. Die hohen Gäste aus aller Welt kommen, werden an den Grün-Wall geführt und staunen über diesen prächtigen Streifen, diesen grün flutenden Strom des Vertrauens. – Und die Berliner singen diesseits und jenseits des Streifens von der Berliner »Luft, Luft, Luft«. und niemand muss husten dabei.

Dies trug ich im Juni 1987 in Auslegung von Offenbarung des Johannes Kap. 21–22 in der Samariterkirche vor. Beim Herausgehen hörte ich sagen: »Der träumt zu viel.« Doch meine Bibelarbeit wurde 900 Mal auf Wachsmatrize abgezogen und an Interessenten verschickt. Für eine gedruckte Version mit Bibelarbeiten vom Berliner Kirchentag wurde ich nicht einmal gefragt.

Man lese nach, wie gut die innere Zensur funktionierte, wie wenig politisch-real viele andere Bibelarbeiten noch 1987 geblieben waren.

31

Nach der Bibelarbeit lud mich – als Dankeschön, wie er beteuerte – ein tschechischer Ingenieur ein, in seiner Ferienwohnung in Marienbad kostenlos Urlaub zu machen. Das taten wir auch. Und er gehörte zu den wenigen Mutigen, die bei Charta 77 engagiert geblieben waren.

Wer das Träumen aufgibt, gibt sich selbst auf. Und der Traum braucht Träumer, die etwas von dem Traum in die Wirklichkeit tragen, aber so realistisch sind, zu wissen, dass der Traum sich nicht 1:1 verwirklicht.

Mit dem Ende der DDR schwand auch die besondere Rolle, die Literatur gespielt hatte. Die Krise vieler östlicher Schriftsteller war symptomatisch für die Krise des Beitrittsgebietes. Sie waren doch die Seismographen für Beben geworden, und so wurden sie selber die von »Zeitbeben« Betroffenen.

Ich kann und will nicht vergessen, wie ich auf Bücher gewartet habe wie auf die Brötchen am Sonnabendmorgen. Oft vergeblich, weil ich zu spät kam. Es hieß immer »noch nicht da« oder »schon durch«. So bin ich oft leer ausgegangen und wurde umso hungriger.

Der Mangel schuf seinen ganz eigenen Reichtum. Und die wenigen Bücher wurden herumgegeben und gelesen und waren Gesprächsgegenstand. Die Schriftsteller und Lyriker und Dramatiker wurden unsere Verbündeten. Sie gaben Sprache. Sie brachten Dinge in die Öffentlichkeit, die sonst nicht öffentlich angesprochen wurden.

Der Zutritt zu einer öffentlichen Bühne – außer der kirchlichen – war mir, wie vielen anderen, von den Sicherheitsorganen verwehrt worden.

Aber die Theaterbühnen wurden nicht *Ersatz*öffentlichkeit, sondern waren Öffentlichkeit. Dabei hatten besonders Schriftsteller Autorität, die bei uns und unter uns geblieben waren. Und man vergesse nicht, welch eine Trauer sich ausbreitete, wenn wieder einer ging von denen, die wir so brauchten. Ob nun Jurek Becker, Hans-Joachim Schädlich, Reiner Kunze, Günter Kunert, Gabriele Eckart oder Bettina Wegener... Wie wunderbar befreiend waren die Texte und Lieder Wolf Biermanns. Und nun war er weg. Ausgebürgert. Ihm folgten viele andere, die keine Hoffnung mehr für dieses Land sahen.

Umso wichtiger wurden dann diejenigen, die mit guten Gründen bei ihren Lesern und in diesem Land blieben. Natürlich war meine Enttäuschung über das Weggehen auch ungerecht. Es überfiel mich immer wieder eine Traurigkeit und Ratlosigkeit, denn jeder, der wegging, fehlte uns ja im Widerstehen.

Franz Fühmann hat dies in einem Gespräch mit dem Verlagsleiter des Hinstorff-Verlages Horst Simon deutlich ausgesprochen, so wie es sonst nirgendwo ausgesprochen wurde. Im Gespräch mit ihm hatte Franz Fühmann 1981 gesagt, dass der Weggang junger Schriftsteller zu »meinen schmerzhaftesten und bittersten Erlebnissen« gehört, und »...ich bemühe mich, daraus zu lernen ... Wir erleiden einen Verlust an wertvollen Kräften, und die, die von uns weggehen, erleben einen Bruch in ihrer Existenz. Es ist gar schwer zu wägen, was wem mehr schadet, doch ich halte den Schaden, den unsere Gesellschaft erleidet, für größer. Er wird ja nur dadurch kompensiert, dass immer wieder neue Kräfte nachwachsen; schlimm wäre es, wenn sie immer wieder das sterile Alte erführen ... Natürlich wird der Kampf hart sein, zähe sein und verbissen sein, und da ich nicht gottgläubig bin, weiß ich jetzt nicht, welches Wesen ich anrufen soll, dass es Einsicht gäbe und Kraft gäbe und Mut gäbe, um aus den schwierigen und furchtbaren Situationen, die zweifellos noch eintreten werden, mit Maß und Vernunft hervorzugehen ... Ich werde nicht heucheln; das ist der Tod der Literatur.«[2]

Das sagte Fühmann 1981. Er sollte 1984 an Krebs sterben.

Bettina Wegener gab dem Sprache, was alle diejenigen dachten, die trotzdem blieben. Sie sprach von der stillen Statistik und davon, dass wir »euch wirklich brauchen« und dass »Wut und Trauer euch weggetrieben haben«, und sie schloss mit den eindringlichen Worten:

Ich werde dieses Lied vielleicht nur summen
und eines Tages vielleicht ganz verstummen:
schweigend und klein verbucht man die Verluste
ich weiß nur sicher, daß ich bleiben mußte,
daß unsere Ohnmacht nicht noch größer wird.

Ich hatte sie 1978, kurz vor meinem Weggang aus Merseburg, noch dorthin eingeladen. Wir fanden sofort einen wunderbaren Kontakt und es war für mich und die Studenten eine unglaubliche Ermutigung, dass jemand trotz aller Schwierigkeiten, mit allen großen Schwierigkeiten zu uns stand und mit uns dieses Land weiter bestehen wollte, aber nicht wollte, dass es weiter besteht, wie es ist.

Als dann Bettina Wegener später selber in den Westen ging, merkte ich, dass wir wohl übergroße Ansprüche an unsere Schriftsteller gestellt hatten und sogar einen Anspruch an sie ausgedrückt hatten, dass sie mit uns aushalten sollten.

Ich weiß rückblickend, dass mein Urteil zum Teil ungerecht war, denn ihr Entschluss wegzugehen war nicht nur eine politische, sondern auch eine private Lebensent-

---

[2] Franz Fühmann, Essays 1964–1981, Gespräche, Aufsätze, Rostock 1983, S. 485

scheidung und für manche war die Einengung buchstäblich atemberaubend geworden.

Ich gehörte zu denen, die die Schriftsteller als eigentliches Volkseigentum betrachteten und Ich-Ideale in sie projiziert hatten, jedenfalls was ihr Wahrhaftigkeitspathos, ihre Unbestechlichkeit, ihre Klarsicht mit Formulierungskunst betraf. Doch Idealfiguren wollten sie nie sein und konnten sie nicht sein. Aber hatte es nicht ein geradezu symbiotisches Verhältnis zwischen Lesern und Autoren, aber auch zwischen den Schriftstellern gegeben? Sollten sie uns nicht durch dick und dünn die Treue halten? Es war deshalb so schmerzlich, wenn es zu fatalen Nachzugseffekten kam; wenn einer wegging, ging bald ein anderer nach. Und so fort und so fort. Wie gut, dass Wolfs, de Bruyn, Heym, Hein blieben. Das wird ihnen nachträglich zu Unrecht vorgehalten.

Zur Wahrheit gehört auch, dass Literatur so billig war wie Brot und auch so reichlich wie Brot. Vieles wurde vorenthalten, das Kritische tröpfelte nur, wurde aber umso intensiver gelesen.

Ich rannte, wie viele andere, nicht nur nach den spärlichen Lizenzausgaben westdeutscher Schriftsteller wie Heinrich Böll, Siegfried Lenz oder (viel später) Günter Grass, sondern eben auch nach »unseren« Autoren. Und Werke wurden auch immer wieder zuerst in der Bundesrepublik, im Suhrkamp- oder im Luchterhand-Verlag herausgebracht. Und manchmal musste ich meine Freunde aus dem Westen bitten, die Bücher von Schriftstellern aus der DDR aus dem Westen mitzubringen, weil ich sie hier nicht bekommen hatte.

So schmuggelten sie zum Beispiel Maxi Wanders Tagebuch »Leben wär' eine prima Alternative« oder den »Ahasver« von Stefan Heym durch.

Wer ein Exemplar der »Marx- und Engelszungen« von Wolf Biermann bekam, war schon privilegiert. Erich Frieds Gedichte mit dem Titel »Beunruhigungen« gehörten zu den wieder und wieder abgetippten und wieder und wieder gelesenen Texten. Ebenso Texte der »Charta 77« aus Prag:

Ein Geist geht um in Europa, der Geist von Helsinki. In einer einzigen Julistunde 1975 gleich 35mal nacheinander zitiert, kehrt er aber nicht wieder in das Tintenfass zurück und vertreibt uns den Schlaf.

Er unterscheidet nicht zwischen den Fahnen der Kommunisten, Sozialisten, Liberalen u. a. Er fragt, wie es mit der Freiheit und der Gleichheit und der Brüderlichkeit steht, für die man vor der Bastille blutete.

Die Menschenrechte sind jedoch zum Greifen nahe und es waren die Regime selbst, die sie zugänglich machten. Nicht zu ernten, bedeutet, freiwillig und wahrscheinlich definitiv auch die kleinste Möglichkeit einer Teilnahme am eigenen Schicksal aus der Hand zu geben.

Die Menschenrechte sind direkt von den elementarsten Lebensbedürfnissen des menschlichen Organismus abgeleitet.

Das Bedürfnis zu atmen gibt das Recht, einen Ort zu wählen, an dem man nicht erstickt.

Das Essbedürfnis begründet das Recht auf Arbeit.

Das Bedürfnis zu denken berechtigt dazu, eine Arbeit zu fordern, die das Gehirn entfaltet, nicht verkümmern lässt.

Ein einziger Text reichte oft aus, um zwanzig, hundert, ja, tausendmal Abschriften kursieren zu lassen. Meistens in sechs Durchschlägen auf der Schreibmaschine.

Ich schrieb vom Tonband die Friedenspreisrede von Max Frisch ab, die Literatur-Nobelpreisrede von Heinrich Böll, Diskussionsrunden mit Erich Fromm, Walter Jens oder Robert Jungk. Das war eine Zeit, als der öffentlich-rechtliche Rundfunk solche Reden noch regelmäßig im normalen Abendprogramm und vollständig sendete. Die Zeit der Teilung war auch eine Zeit der größeren, intensiveren geistigen Auseinandersetzung. Zum Beispiel über »die multi-nationale Eigentümer-Macht« oder über Entstehung und Funktionsweise von Feindbildern. Frisch sagte: »Voraussetzung für den Frieden wäre der Abbau der Feindbilder. Wer kann sich das innenpolitisch leisten? Auf der anderen Seite: Gäbe man nicht die stereotypen Hinweise auf die inhumane Praxis im Privat-Kapitalismus, die schale Schadenfreude über Arbeitslosigkeit anderswo, Kriminalität anderswo usw., wie trüge die Bevölkerung arbeitsam und stumm die Misswirtschaft des Staatskapitalismus und die totale Entmündigung des Staatsbürgers? Auf unserer Seite: Wie ließe sich Herrschaft erhalten ohne das Feindbild, das die Existenz-Angst des Einzelnen in einer Gesellschaft mit rechtsstaatlich geschützter Ausbeutung ummünzt in die gemeinschaftliche Angst vor der Sowjetunion? Also Feindbilder, die innenpolitisch benötigt werden.«

Und Frisch zog die mich lang anhaltend bewegende Schlussfolgerung: »Eine friedensfähige Gesellschaft wäre eine Gesellschaft, die ohne Feindbilder auskommt.« Die Freiheit sei freilich weder das Faustrecht für den Starken, noch Macht über andere, sondern Selbstverwirklichung. Das Gebet entbinde nicht von der Frage nach dem politischen Umgang mit der Hoffnung. Das sagte ein Linker![3]

---

[3] Abgedruckt in: Friedenspreis des Deutschen Buchhandels. Reden und Würdigungen 1976–1985, Bd. 4, Frankfurt 1985, S. 48ff.

Das wurde hier nicht gedruckt. Natürlich nicht. In meinem Lebensumkreis war das Kraftstoff für die Seele und für den alltäglichen kleinen Mut, dass er nicht Kleinmut würde! Natürlich will ich den Lebenskreis, in dem ich die DDR überlebt habe, nicht idealisieren oder den Eindruck erwecken, solches friedenspolitisches Freiheitspathos sei in der DDR allgemein so gewesen. Es gab viele, eher kleinere Gruppen. Sie waren überall groß genug, um mit der Atemnot fertig zu werden. Es fanden sich Menschen, die vom gegenseitigen Vertrauen lebten und die sich über das Berufliche hinaus geistig etwas zumuten wollten.

Wenn man heute gelegentlich von einen WIR der DDR-Bürger spricht, die im vereinten Deutschland ein neues WIR konstituiert haben, so ist dies nicht zutreffend, denn es gab mehrere WIRs in der DDR, die miteinander kaum Kontakt hatten. Die DDR hatte nicht nur eine Mauer um sich herum, sondern auch viele Mauern im Lande, also in sich geschlossene Kreise.

In den 80er Jahren hat dies der Prenzlauer Berg durchbrochen. Da war eine Durchlässigkeit zur freien Szene, zur Kulturelite und zu Kirchenkreisen gegeben.

Erst nach 1989 wurde mir klar, wie groß der innere Abstand vieler Schriftsteller zu uns Kirchenleuten gewesen war; und wir verharrten in dem irrigen Glauben, sie seien uns besonders nahe.

Die Linksintellektuellen der DDR haben uns Kirchenleute häufig als zu blauäugig westlich erlebt. Wir waren vielleicht für sie die Schwarzen. Dies ist ein noch nicht aufgearbeitetes Kapitel unserer früheren Beziehungsstörung.

Diese Störung wurde zeitweise aufgehoben, als nämlich Anfang der 80er Jahre Schriftsteller der unabhängigen Friedensbewegung öffentlich Stimme gaben und sie dabei selber etwas wagten, auch den Schritt in die kirchlichen Basisgruppen. Wir suchten auch Menschen, an die wir uns anlehnen und mit denen wir argumentieren konnten. Also: Äußerungen von Stefan Heym und Christa Wolf, Günter de Bruyn, Günter Kunert, Rolf Schneider und Joachim Walther.

Als am 29.10.1989 Daniela Dahn und Jürgen Rennert eine Veranstaltung in der Kirche in Rummelsburg Berlin (in der Nähe des größten Schlachthauses und der großen Untersuchungsanstalt) zur Reflexion über die schweren Übergriffe gegenüber den Demonstranten vom 7. und 8. Oktober 1989 einluden, da wagten diese Schriftsteller noch etwas, denn keiner wusste, wie das Ganze ausgehen würde. Unbegreiflich, wie von einem Teil des Publikums Stephan Hermlin ausgebuht wurde. Atemberaubend, wie eine 17-Jährige über ihre Verhaftung, zusammen mit ihrer kleinen Schwester berichtete.

Schriftsteller waren in der gesamten Mauerzeit ein Ventil und die Kirche war Asyl gewesen, auch für Schriftsteller, die nirgendwo anders mehr als in unseren Räumen lesen konnten. Ein Ort für lebensprägende Ost-West-Begegnungen war die Evangelische Akademie in Weißensee. Für mich das Erlebnis schlechthin: Heinrich Böll. Ich war glücklich über einen ergatterten Stehplatz. Andere standen draußen, obwohl sie kaum noch etwas von drinnen hören konnten.

Am 29.10.1989 mussten wir drei Stunden vorher einen Platz belegen, als wir den Abend »Wider den Schlaf der Vernunft« – initiiert von Daniela Dahn und Jürgen Rennert – miterleben wollten. Da waren sie fast alle zu hören, die Berliner Schriftsteller, vereint im Protest gegen jene brutalen Übergriffe von Bereitschaftspolizei und Stasi vom 7. bis 9. Oktober 1989 in Berlin. Es gibt inzwischen zahlreiche Vorwürfe »von hinten her«, dass Schriftsteller zu spät auf den revolutionären Zug aufgesprungen und nur Trittbrettfahrer gewesen seien.

Wir befanden uns in einem dramatischen gesellschaftlichen Umbruchprozess und wussten nicht, wie er ausgehen würde. Konflikte zwischen den unterschiedlichen Intellektuellen und Literaten wurden angeheizt durch die Rechthaberpose oder auch Neidkomplexe derer, die die DDR verlassen hatten und einfach nicht glauben wollten, dass sich etwas verändern würde oder dass gar die DDR aus eigener Kraft eine Demokratie aufbauen könnte.

Manche standen auch unter einem Rechtfertigungsdruck, doch zu früh gegangen zu sein. Sie versuchten nun den Spieß umzudrehen und denen, die geblieben waren, also ausgeharrt hatten, Vorwürfe zu machen, obwohl sie genau hätten wissen und sich erinnern müssen, mit welchen Konzessionen das Bleiben in der DDR verknüpft gewesen war.

Ich erinnere mich auch genau, dass bereits auf dem X. Kongress des Schriftstellerverbandes im November 1987 Hermann Kant Präsident dieser Organisation gewesen war, wo die bis dato unglaublich offenen Worte von Christoph Hein und Günther de Bruyn, Jurij Brezan, Volker Braun endlich zu vernehmen waren, zunächst vom Westen übertragen, aber dann auch im Osten gedruckt wurden. Also, bei aller scharfer Kritik an Hermann Kant, auch dies muss heute benannt werden. Was ich erst als Schreibmaschinenabschrift bekommen hatte, fand sich 1988 in einer offiziellen Veröffentlichung des Schriftstellerverbandes. So ungeheuerliche Sätze wie diese:

»Die Zensur ist menschenfeindlich, feindlich dem Autor, dem Leser, dem Verleger und selbst dem Zensor. Unser Land hat in den letzten Jahren viele Schriftsteller verloren, unersetzliche Leute, deren Werke uns fehlen, deren Zuspruch und Widerspruch uns bekömmlich und hilfreich war ... Der Autor wird ... Selbstzensur üben und den Text verraten ... Den Leser entmündigt die Zensur.«[4]

Ja, Zuspruch und Widerspruch! So erfuhr und so erwartete ich das von Schriftstellern.

Jener Schriftstellerkongress im November 1987 war faktisch zu einer Art Nebenparlament geworden, auf dem alle verschwiegenen, unterdrückten, verharmlosten Probleme benannt wurden – in nationaler und internationaler Perspektive. Dies wäre sicher nicht möglich gewesen ohne den im August 1987 veröffentlichten Text »Der Streit der Ideologien und die gemeinsame Sicherheit«. Die SED hatte zwar Angst vor der eigenen Courage bekommen, aber die Schriftsteller hörten auf, in ihren literarischen Texten Genüge zu finden.

Die von Aitmatow (immerhin neben seiner internationalen Popularität als Schriftsteller auch Mitglied des Obersten Sowjets) initiierten internationalen Issyk-Kul-Gespräche in Kirgisien wurden nicht nur ein Vorbild für diese Diskussionskultur und diese Weitung der Perspektive, sondern sie stellten so etwas dar wie ein Erwachen des Weltgewissens und einer aufgeklärten Weltvernunft, die nicht weniger thematisierte als die (gefährdete) Zukunft des Menschengeschlechts – und darin Wert und Würde des Einzelnen wie den unwiederbringlichen Schatz der Naturgüter.

Im September 2002 verbrachte ich mit einer Reisegruppe von Freunden aus der Pfalz einige Tage in jenem malerisch gelegenen, historischen See-Hotel am Issyk-Kul zu. Und ich las dort nochmals Aitmatows berühmteste

---

[4] So Christoph Hein in: Friedenspreis des Deutschen Buchhandels..., a. a. O., S. 229.

Erzählung »Djamila« sowie den ökologisch so sehr aufrüttelnden Text »Der weiße Dampfer«. In dieser Landschaft nahm ich das mit ganz anderen Augen auf. Ich erzählte den Westdeutschen, welch eine Bedeutung die damaligen Gespräche dort – auch mit Gorbatschow – für uns gehabt hatten. Zur Sprache war endlich die ökologische Weltbedrohung gekommen. Sie wurde einbezogen, ja, sie trat in den Fokus des »Neuen Denkens«.

Dieter Mucke hatte davon gesprochen, dass diese offene Debatte einem den Atem verschlagen konnte, und er meinte, »dass sich spätestens dann nichts mehr unter den Teppich kehren lässt, wenn nichts mehr unter den Teppich passt«.[5]

Jürgen Kuczynski meinte, dass Sozialisten bei den vielen Hindernissen, die ihnen täglich oder mindestens wöchentlich begegnen, »eine Art Gebetserinnerung« bräuchten »an das Fundamentale, Große, das der Sozialismus uns gibt«, ganz so, wie die Christen bei allem Ärger, den sie an jedem Tag hätten, sich durch das Gebet morgens und abends an Gott erinnerten und das heißt eben, die das ganze Geschehen in der gesamten Welt, einschließlich des Himmels und des Paradieses, letztlich als eine ganz große Sache erinnern und vergegenwärtigen.[6]

Jurij Koch hielt es vor allem dank des Auftretens Gorbatschows für möglich, dass der Mensch die Kraft habe, den apokalyptischen, atomaren Untergang zu verhindern. »Doch es wird der gleichen, wenn nicht noch einer größeren menschheitlichen Anstrengung bedürfen, um dem drohenden ökologischen Untergang zu begegnen. Und: es wird ohne unseren Beitrag nicht gehen.«[7]

---

[5] A. a. O., Band 2, S. 293.
[6] Vgl. a. a. O., Band 1, S. 23-24.
[7] A. a. O., Band 1, S. 157.

Günter de Bruyn beklagte, dass das Aufklären durch Literatur bei uns viel gepriesen, aber wenig ausgeübt würde und dass man sich doch der Antriebskraft der Kritik nicht berauben solle.

Im Jahre 2018 hört es sich geradezu prophetisch an, was Volker Braun auf jenem Kongress vor nunmehr genau 31 Jahren sagte und beklagte. Die verschiedenen Stimmen unserer Literatur müsse man nicht fürchten und den exemplarischen Großversuch der Demokratie fortsetzen. Die Literatur sei ein Ensemble in dem geträumten Ensemble,

> *...und es ragt in ihren Traum die gewaltige, unausrechenbare Qualität. Die Aussicht auf die erschöpfte Erde, den Hungermarsch in die Metropolen, die Notwehr der Natur, und aber auch auf den Aufbruch der erschütterten und hoffnungsvollen Staaten hat die Logik eines simplen Fortarbeitens und Fortschreibens an der bekannten Geschichte zerstört. Wir sind nicht mehr autorisiert, die Probleme in Menschengruppen und Regionen einzugrenzen, in die Dürrezonen zu delegieren, und ebenso wenig, uns herauszuhalten aus dem neuen Denken, der solidarischen Weltvernunft, die unsere Orte erhellt.*
>
> *Wir schreiben, wie Anna Seghers sagte, »damit viele aufatmen unter dem Licht der Worte«.*

Solidarische Weltvernunft wäre eine solidarische Überlebensvernunft. Sie steht zur Debatte, wenn die Menschheit sich klar wird, dass sie nicht nur in einem globalisierten Wirtschaftsraum lebt, sondern eben auch unter einer ge-

---

[8] A. a. O., Band 1, S. 84.

meinsamen verletzlichen Hülle und angesichts begrenzter Ressourcen.

Da brauchen wir – wie man das heute formuliert – eine Ressourcenökonomie, statt einer bloßen Kapitalvermehrungsökonomie und einer Kapitalverwertungsökonomie. Was Volker Braun hier benennt, steht nach 25 Jahren verschärft zur Debatte, wenn man an die großen Umweltkonferenzen in Bali, in Kopenhagen oder Cancun denkt – oder eben an jenen tragisch gescheiterten größten Weltgipfel der bisherigen Weltgeschichte 2002 in Johannesburg.

Schriftsteller waren und sind stets auch wieder und wieder Auguren, Propheten, Weisheitslehrer, Schönheitsvermittler, Denkanreger, Veränderungsmotivierer. Aber zuallererst muss Kunst der Wahrheit dienen und sie selbst den Kriterien unterwerfen, die von den zehn Geboten über den hippokratischen Eid bis zur allgemeinen Erklärung der Menschenrechte führt. Im Blick auf jenen X. Schriftstellerkongress der Deutschen Demokratischen Republik ist zudem daran zu erinnern, dass zur Eröffnungsveranstaltung in der ersten Reihe auch die Politbüromitglieder Günther Schabowski, Günther Mittag, Horst Sindermann, Erich Honecker, Kurt Hager, Joachim Hermann, Egon Krenz, Hans-Joachim Böhme gesessen hatten. Da kann man diesen Kongress also einerseits so bewerten, dass er von der bleibenden problematischen Verquickung zwischen Geist und Macht zeugte oder andererseits vielmehr verdeutlicht, wie sich der Geist unter der Wucht angestauter Probleme nicht mehr der Macht beugte.

Ich gehörte jedenfalls zu denen, die die Meinungsäußerungen »unserer« Schriftsteller erfreut und ermutigt aufnahmen, abschrieben, einsogen und verbreiteten. So wurden etwa Texte von jenem Kongress, wie auch vom Isyk-Kul-Forum in ein von mir zusammengestelltes, vervielfältigtes Material- und Textheft aufgenommen, das Diskussionsgrundlage für das Gespräch über die 20 Wittenberger Thesen auf dem Kirchentag 1988 in Halle darstellte.

So viele Schriftsteller hatten frustriert die DDR verlassen. Da war es einfach angenehm, dass Jurek Becker, Thomas Brasch und Wolfgang Hilbig nicht zu denen gehörten, die nachtraten, nachdem sie im Westen lebten, sondern Gesamtzusammenhänge ideologiekritisch nach allen Seiten hin wahrnahmen und auch ungeschönt zu ihrer eigenen Geschichte der DDR gestanden haben.

Die Konflikte sollten sich in den darauffolgenden Jahren verschärfen und sogar in eine auch sehr unsachliche Debatte in die Vereinigungsgespräche zwischen Ost- und West-Berlin einfließen. Da hatte doch der Generalsekretär des PEN 1996 in Heidelberg erklärt: »Die Last der Vergangenheit, die monströse Zerstörung der Seelen von Millionen Menschen, der Kultur und Landschaft, schließlich sogar eigenen Ideen von einer klassenlosen Gesellschaft, ist noch lange nicht aufgearbeitet.«

Also: Millionen Menschen sind seelisch zerstört worden? Wie viele Therapeuten bräuchte denn die vereinigte Republik jetzt, um diese Millionen zu heilen oder aus den Leichenkellern zu erlösen?

In Heidelberg musste ich mir als Mitglied des West-PEN seit 1991 anhören: »Obwohl die Keller noch überfüllt sind von den Leichen der Vergangenheit, der schweren Last einer monströsen Zerstörung der Seelen von Millionen Menschen…« In einem so beschriebenen Land habe ich nicht gelebt, wiewohl ich von Anfang an Gegner dieses Einparteien-Systems unter der Herrschaft einer bolschewistisch-stalinistischen Partei gewesen bin. Ich weiß seit Kindertagen, was politisch bedingte Atemnot ist. Wenn ich mich frage, was von der DDR bleibt, dann sage ich spontan: aufgeschlagene Bücher. Also Erzählungen, Gedichte, Romane, Essays. Literatur war Brot, gehörte zum täglich existenziell Gebrauchten, war geradezu unentbehrlich, auch kostbar.

Dabei erlebte ich, dass wir in den Studentengemeinden ein geradezu konspiratives Verhältnis zum Buch entwickelten. Die Bücher, die wir lasen, wurden Erkennungszeichen. Und der Mangel wurde in gewisser Weise eine kommunikative Chance, weil »wir« eben zur gleichen Zeit dieselben Bücher lasen und diese Bücher uns geradezu zu Gesprächen drängten.

Heute kaufen viele Ostbürger ihre Bücher auch nach den ausgedruckten Bestseller-Listen, und die Bestseller-Listen des »Neuen Deutschland« unterscheiden sich durchaus von denen, die der »Spiegel« ausdruckt.

Früher brauchten wir solche Bestseller-Listen nicht. Die Zensur war ein unfreiwilliger guter Kompass für das, was man lesen musste, weil man es nicht lesen sollte.

Rückblickend mache ich mir auch klar, dass es häufig nicht vorrangig ästhetische Kriterien waren, sondern die für uns spürbare Wahrhaftigkeit, mit der ein Schriftsteller schrieb, sich einmischte und die DDR-Wirklichkeit kritisch einwob.

Die Teilung hat auch zu einer Teilung des Lesens geführt. Einige Schriftsteller waren immer in Ost und West in gleicher Weise präsent. Aber wer kennt im Westen Hanns Cibulka, Heinz Czechowski, Steffen Mensching, Wulf Kirsten oder Monika Helmecke?

Wer kannte im Westen Joachim Walthers »Bewerbung bei Hofe«? Das ist ein Buch über Dresden und die Macht, die Poesie und die Spitzelei. Über persönliche und soziale Probleme eines freien Autors, geschrieben, lange bevor der Autor Joachim Walther wissenschaftlich Real-Akten auswertet. Nicht die vom sächsischen Hof Augusts des Starken, sondern aus dem Mielke-Imperium.

Manchmal wurde ich auf Literatur erst dann aufmerksam, wenn die Staatsmacht zuschlug. Sie hatte in der Regel ein sicheres Gespür dafür, was die Bürger interessieren könnte, aber nicht sollte. Sie versuchte, uns davon abzuhalten und erreichte, dass wir uns gerade darauf fixierten.

Es gab westliche Korrespondenten, die äußerst findig darin waren, genau die Autoren bekannt zu machen, die dem Politbüro gänzlich zuwider waren, und deren Wortmeldungen via Deutschlandfunk, RIAS oder Kennzeichen D in die DDR zu senden.

So wurden uns Namen bekannt, die wir ohne Westmedien kaum hätten wahrnehmen können. Also Lutz Rathenow, Daniela Dahn, Gabriele Eckart. Verglichen mit heute war die DDR in der Tat ein Leseland. Weil uns ja gar nichts anderes übrig blieb. Denn was sollte man in Zeitungen, zumal im Feuilleton lesen, wo alles propagandistisch überformt war. Mit primitiver Propaganda.

Die Zeitschriften »Sinn und Form« und auch »Neue deutsche Literatur« behaupteten eine gewisse geistige Selbständigkeit, wenngleich hin und wieder auch Beiträge erschienen, die man als Konzessionen an den Apparat bewerten muss.

Jedenfalls nötigten die Zeitungen geradezu dazu, Bücher zu lesen. Die Bücher stellten zudem eine Art Ersatzöffentlichkeit dar. Und es gehörte zur List der Wahrheit, all das, was »bei uns gedruckt wurde«, auch in der Öffentlichkeit zu nutzen, indem man eben nicht aus geschmuggelten West-Büchern zitierte, sondern aus Büchern, die die DDR-Zensur passiert hatten. (So kaufte ich mir zum Beispiel aus einer polemischen Reihe zur Kritik der westlichen Philosophie die Bücher einzig, um die Zitate von Erich Fromm oder Karl Jaspers zu lesen und öffentlich zu gebrauchen.)

So konnte man kesse Sätze seinem Schuldirektor oder Parteisekretär unter die Nase reiben. Meine Tochter Uta machte davon in ihrer Schulzeit regen Gebrauch. (Ihre damalige Deutschlehrerin erzählte mir im Sommer 2010, dass Uta ihr kurz vor dem Abitur gesagt habe: »Sie brauchen keine Angst zu haben. Ich mache Ihnen keine Schwierigkeiten.« Ich war beglückt. Wie gut hatte die Tochter erfasst, was wann warum wem gegenüber nötig und ratsam ist, ohne sich selber zu verraten. Darin ist die ganze Atmosphäre dieser Zeit erfasst: die Schülerin schützt die Lehrerin…)

Ende der 90er Jahre nehme ich Teile meiner Stasi-Akte wahr und finde darin die Behauptung, ich hätte Zitate von Sozialisten gegen den Sozialismus demagogisch benutzt. Richtig ist, dass ich mich – wie viele andere – hinter dem in der DDR Gedruckten auch verschanzt hatte und Literaten zur Berufungsinstanz benutzte. Ich denke an Heym und Hein, an Kunze und Kunert, an Cibulka und Loest.

Die bildende Kunst, der Film und Literatur, die Bühnen, das Kabarett spiegelten wider, was die DDR-Bürger dachten und wollten, woran sie litten und was sie hofften. Die Literatur zumal öffnete verschlossene Türen. Ich erinnere mich nur an die Stücke von Matusche, Braun und Müller. Ulrich Plenzdorf brachte die DDR buchstäblich durcheinander. Erst recht wurde sie in Schwung gebracht mit seiner Goethe-Adaption »Die neuen Leiden des jungen W.«.

Was im Westen als literarisch verarbeitete Jugendsprache galt und dort auch zum Unterrichtsstoff wurde, war für uns Ostdeutsche das aus dem Korsett der FDJ befreite Leben. Das war weit mehr als die Sprachleistung Edgar Wibeaus. Die Dialoge mit dem Konkurrenten um das Mädchen, so grotesk wie tragisch. Wibeau, ein unangepasster Querulant, steht einem NVA-Typen mit »rechtwinkligen Gehirnwindungen« gegenüber.

Ebenso wie 1964 die Uraufführung von Hermann Kants »Aula« in Halle machte 1974 die Uraufführung des Plenzdorf-Stückes in Ost und West in gleicher Weise Furore.

Ich fuhr mit einer Gruppe meiner Merseburger Studentengemeinde zu einer der Aufführungen Plenzdorfs und wir fanden uns plötzlich unter FDJ-Gruppen wieder. Wir verschleierten unsere Identität, zumal die FDJler auch für diese Aufführung keine FDJ-Blusen anhatten, und ich organisierte den Diebstahl eines Fragebogens, aus dem wir ersehen konnten, was den Staat, also die SED, an diesem Stück so interessierte und irritierte. Darunter waren Fragen, die das Stück und die Literatur überhaupt betrafen, aber nach den grundsätzlichen politischen Einstellungen der Probanden:

- »Nur der tote Edgar konnte sich so ehrlich über die Wehrpflicht, über die Arbeit, über Musik usw. äußern.«
- »Ich bin stolz, ein junger Bürger unseres sozialistischen Staates zu sein.«
- »Wer die Sowjetunion angreift, ist mein Feind.«
- »Ich bin bereit, für die Verteidigung der DDR mein Leben einzusetzen.«
- »Die militärische Hilfeleistung der verbündeten sozialistischen Länder zum Schutz der sozialistischen Errungenschaften in der CSSR hat sich als notwendig erwiesen.«

(Von »Vollkommen meine Meinung« bis zu »Absolut nicht meine Meinung« konnte angekreuzt werden.)

Die Ergebnisse des Institutes für Jugendforschung in Leipzig wurden seit Mitte der 70er Jahre nicht mehr öffentlich gemacht, sondern direkt dem Zentralkomitee, speziell Egon Krenz, zugestellt.

Die Wahrheit galt als eine geheime Verschlusssache. Und das so erfolgreiche »anarchistische« Stück war im Grunde auch ein Stück gegen den sozialistischen Einheitsdrill, gegen Militarisierung und gegen »rechtwinkelige Gehirnwindungen« gewesen, verstanden und bejubelt in Ost und West, auch, weil Plenzdorf die Jugendsprache gut getroffen hatte.

Wenn ich zurückblicke, so wird mir klar, dass literarische Texte mit den Ereignissen in meiner Biographie und der Zeitgeschichte eng verbunden sind. Das bleibt haften. Das bestimmt die Erinnerung. Das prägt auf verborgene Weise Gegenwart.

Literatur war der verarbeitete Stoff unseres Lebens und half uns, den Stoff unseres Lebens zu verarbeiten. Ich kann mir jedenfalls mein Leben in diesem Lande DDR ohne Literatur nicht denken, vor allem nicht ohne die Schriftsteller, die mir ein Stückchen aufrechten Gang vorlebten. Wobei gerade diejenigen besondere Autorität hatten, die hierblieben – selbst wenn wir wussten, dass sie reisen durften beziehungsweise Stipendien in der Villa Massimo in Rom oder in Texas bekamen.

Dazu gehört auch die Stieftochter des Innenministers Karl Maron, die nach ihren mehrfachen Trips in die westliche Welt sah, wie eng die DDR war, und dann wegging. Ausgerechnet sie entwickelte 1989 eine »Zonophobie«, die sie auch dazu brachte zu schweigen, als man Christa Wolf geradezu hetzte. Und Monika Maron wunderte sich, was losging, als aus den Akten sichtbar wurde, welche Verbindung nicht nur ihre Familie, sondern auch sie selbst zur Staatssicherheit gehabt hatte. Das lässt sich nicht abtun mit dem Satz: »Bei uns in der Küche wurden Schmalzstullen für Erich Mielke geschmiert.«

Was Monika Maron denen von der Stasi gesagt hat, ist wahrlich nicht von Belang. Aber von Belang ist der signifikant ganz andere Umgang mit Christa Wolf oder mit Heiner Müller in dieser Sache. Vor allem in der meinungsbestimmenden westdeutschen Öffentlichkeit. (Ich meine Ver-Öffentlichkeit, weil Öffentlichkeit meist nur auf Veröffentlichungen reagierte.)

Öffentlicher waren für mich eben nicht Materialien, die auf die Seiten des Feuilletons gehörten, sondern die Seiten in meinem Leben waren. Wie im »Leben der Anderen«.

Fast jedes Jahr lässt sich verbinden mit einem Buch und einer öffentlichen Diskussion über ein Buch. Mehrere Jahre lang beherrschte die Diskussion die Interpretation von Christa Wolfs »Nachdenken über Christa T.«, erschienen ausgerechnet 1968, oder auch »Kindheitsmuster« (1974).

Die – fast völlig in Vergessenheit geratenen – Frauenprotokolle »Guten Morgen, du Schöne« von Maxi Wander; die Gedichtbände von Reiner Kunze, Günter Kunert, Volker Braun wurden vielfach diskutiert.

Der Reclam Verlag brachte im Brusttaschenformat, was mitten ins Leben gehörte.

Jugendliche, nicht nur die aus gutem Hause, sondern auch Bäckergesellen und Chemielehrlinge, kauften sich für 90 Pfennige das »Poesiealbum« und lasen das in der Straßenbahn. Das ist nicht idealisierend oder erinnerungsverklärt pathetisch schönzufärben, aber es war Ausdruck eines anderen Verhältnisses zum Wort, weil Menschen in der Welt der Lüge, der offen-sichtlichen Lüge, nach Wahrheit suchten, nach der Wahrheit im Wort. »Was zählt, ist die Wahrheit«, so hieß ein Sammelband mit Briefen von Schriftstellern im Jahre 1975, mit Texten von Maxi Wander, Johannes Bobrowski, Gerhard Wolf, Christa Wolf, Gerti Tetzner, Brigitte Reimann.

Oder wenn Reiner Kunze seine Gedichte – meist in kirchlichen Räumen – las, dann hatte das geradezu einen Zelebrationscharakter. Lebensmittel Lyrik.

Es war die besondere Begabung Reiner Kunzes, seine einfachen, in der Regel kurzen Gedichte so zu lesen, dass ein faszinierender, hochkonzentrierter Konnotationsraum entstand. Und alle merkten, dass hinter dem Gesagten noch viel Ungesagtes steckte, was aber jeder mithörte, der »kein Bewusstsein« hatte, also nicht staatskonform war. Seine Gedichte wurden mit der Hand abgeschrieben oder mit Blaupapier in die Schreibmaschine getippt – und weitergegeben.

Ich hatte den Namen Reiner Kunze Mitte der 60er Jahre das erste Mal von einer befreundeten Zahnmedizin-Studentin gehört, deren jüngere Schwester, Christine Pachaly, diesen in Greiz in ihre Oberschule eingeladen hatte und die uns erzählte, dass da ein Lyriker lebe, der eine ganz andere Sprache spräche.

Und Adelheid brachte mir Gedichte von Reiner Kunze mit. Im Rahmen der Eröffnungsfeierlichkeiten zur neuen Staatsbibliothek ging ich mit westdeutschen Studenten zu einer Lesung von Günther de Bruyn und Reiner Kunze. Beide waren mir zu diesem Zeitpunkt in der DDR so gut wie nicht bekannt gewesen. Wir waren die einzigen jüngeren Leute, ansonsten war dort ein DDR-bürgerliches Publikum versammelt. Unterschiedlicher im Pathos ihrer Vorträge als Kunze und de Bruyn konnte es nicht sein, aber es war doch der gleiche Ton. Wer Ohren hatte zu hören, der hörte.

Etwas Aufregendes für uns und etwas Verwunderliches für die westdeutschen Studenten, die aus unserer Partnerstudentengemeinde in Frankfurt am Main und in Göttingen gekommen waren. Wenn mich meine Erinnerung nicht täuscht, so war der Bruder von Benno Ohnesorg unter ihnen.

Mit einigem Erstaunen erlebte ich 1970, wie zwei Oberassistenten Reiner Kunze in die Räume des botanischen Gartens der Universität in Halle zu einer Lesung einluden und das nicht unterbunden wurde. Ich hatte Kunze meine Examensarbeit zugesandt, und er besuchte mich in meiner damaligen Wirkungsstätte, als ich Studieninspektor in den Franckeschen Stiftungen gewesen war. Seit seinem bei Rowohlt erschienenen Buch »Sensible Wege« (1969) hatte Reiner Kunze eine Aura der Verehrung.

Auch ich war damals ganz aufgeregt, dass Reiner Kunze zu mir in die Franckesche Stiftung gekommen war und meine Examensarbeit zum 2. Theologischen Examen über »Die moderne Lyrik und die Sprache der Verkündigung« gelesen und mit mir darüber diskutiert hatte.

Er war 1973 auch zu einer Lesung nach Merseburg gekommen, und 1977, nur fünf Tage vor seiner Ausreise, war er bei uns zu einem Seminar im katholischen Freizeitheim bei Naumburg, in Roßbach, und brachte uns tschechische Lyrik und darin auch seine eigene literarisch-politische Entwicklung nahe. Er sagte uns, dass er gehe. Ich erinnere mich an die tiefe Enttäuschung meiner Studenten, dass ausgerechnet er uns verlassen wollte, war er doch nahezu zu einem Guru der widerständigen Literatur geworden.

Über dieses Wochenende gibt es einen der ausführlichsten Spitzelberichte durch Marion Staude (siehe oben). Reiner Kunze hatte mir, als versiegelten Brief, deren Bericht 1991 zugesandt. Kunzes Akte war auf einer Mülldeponie in Gera gefunden worden.[9]

In dem Seminar hatte ich auf ein Wort des Propheten Jeremia hingewiesen, der das Wort des Herrn wie einen »Hammer, der Felsen zerschmeißt« (Jer. 23,29), erlebt. Und aus dem Satz »Gott – sein Wort ein fressend Feuer« machte die Spitzelin (von der damals niemand ahnte, dass sie die eifrigste Zuträgerin war): »Macht – ein Wort, ein fressend Feuer«.

Marion hatte das Wort »Macht« statt »Gott« in Erinnerung – und so hört sich das Zitat gesellschaftskritisch an. Ist es auch – gegen die falschen Propheten gerichtet, die immer säuseln, wie gut alles stünde! Sie versammeln sich stets auf den Kongressen der »Weißwäscher« (Brecht). Ich habe Marion Staude bald darauf in Magdeburg ausfindig gemacht. Sie meinte, die Wahrheit wüsste der Konsistorialprädsident Detlev Hammer. Aber der sei tot und könne nichts mehr richtigstellen. Einige Zeit nach dessen mysteriösem Tod wurde öffentlich, dass dieser Jurist seit seinem Studium schon OibE (Offizier in besonderem Einsatz) gewesen und langfristig in die Kirche eingeschleust worden war.

Gehört es aber nicht auch zur DDR-Wirklichkeit, dass der zu Recht oder zu Unrecht ins Zwielicht geratene Chef des Reclam Verlages Hans Marquardt es erreicht hatte, dass bei Reclam 1975 ein Gedichtband von Reiner Kunze erschienen war (freilich in sehr kleiner Auflage) »Brief mit blauem Siegel« und dass jener Hans Marquardt in seinem Verlag immerhin dahin hat wirken können, dass Volker

---

[9] Vgl. Reiner Kunze, Deckname Lyrik, S. Fischer, Frankfurt a. M. 1990.

Brauns, Adolf Endlers und Günter Kunerts Gedichte, Franz Fühmanns Autobiographie »Vor Feuerschlünden« und Texte von Kafka und Sigmund Freud erscheinen konnten? Wer die damaligen Gesamtumstände und die geistig enge und zynische, mit Macht agierende Politbüroriege sich in Erinnerung ruft, kann ermessen, was es bedeutete, wenn ein Verlag so viele »kritische« Literatur veröffentlichte.

Selbst die Rolle von Klaus Höpcke, jenem sogenannten Bücherminister, verdiente eine differenzierende Betrachtung, wenngleich man seine Äußerungen während und nach der Biermann-Ausbürgerung unerträglich nennen muss.

Ich erinnere mich jedenfalls an ein mich prägendes Erlebnis, als in den Räumen der sogenannten Staatlichen Lutherhalle in Wittenberg Klaus Höpcke über Probleme von Literatur und Gesellschaft referierte und dabei insbesondere auf Volker Brauns »Hinze-Kunze-Roman« einging (drei Jahre vor Gorbatschow, nicht wissend, dass ein Gorbatschow kommen würde).

Solche Offenheit und solches offenes Benennen »herangereifter« Probleme und solch positives Bewerten, literarische Verarbeitung realer Probleme, hatte ich ausgerechnet von diesem Herrn nicht erwartet. Es waren lauter geladene Genossen als Teilnehmer. Dazu auch einige Mitarbeiter aus dem sogenannten demokratischen Block. Immerhin war der Direktor jener Lutherhalle ein CDU-Mitglied gewesen, das sich *nach* 1990 an die Spitze der antikommunistischen Bewegung zu setzen versuchte.

Als zur Diskussion aufgerufen wurde, herrschte zunächst eisiges Schweigen. Ich stand auf und fragte, Höpcke antwortete ausführlich und differenziert. Es wurde nach weiteren Fragen angefragt. Keine weiteren Fragen. Ich stellte noch eine zweite und dann war die Diskussion

zu Ende. Den Genossen war es offenbar unheimlich
geworden.

Hin und wieder konnte ich zur literarischen »Weiterbil-
dung« der Staatsorgane wie auch der damit eng verbundenen Staatssicherheit beitragen. So kam der Sektorenleiter
vom Rat des Bezirkes Halle, auch ein Offizier in besonderem Einsatz (OibE), nach meinem Synodenbeitrag auf
der Synode in Magdeburg 1982 zu mir und bat mich, das
Gedicht, das ich dort zitiert hätte, ihm doch wörtlich zu
geben. Es hätte ihm sehr gefallen, und er hätte so schnell
nicht mitschreiben können. Nichts tat ich lieber, als es
ihm zu überreichen.

Sag es weiter
Bau das Haus
Pflanz den Baum
Zeug das Kind
Zerbrich das Gewehr
Und
Sag es weiter

Von Gedichten ging eine ungeheure Kraft aus, wie zum
Beispiel von der »Kleinen Ermutigung« von Wolf Biermann. Das habe ich immer noch auf (inzwischen) ganz
durchsichtigem Durchschlagpapier:

Du, lass Dich nicht verhärten
in dieser harten Zeit
die allzu hart sind stechen
und brechen ab sogleich
Du, lass Dich nicht verbittern
in dieser bitteren Zeit...

Solche Gedichte hatten dieselbe Wirkung wie einst die Psalmen im Alten Testament. Wo Menschen in ausweglosen Situationen im Innersten ermutigt und gekräftigt wurden, auch durch das prophetische Aussprechen dessen, was ist. Steht nicht im Psalm 19, dass das Gebet »das Gespräch meines Herzens vor *dir*« sei?

So sprach Thomas Brasch das aus, was viele umtrieb, die sahen, wie ihre früheren Freunde jetzt etabliert waren und kein widerständiges Bewusstsein mehr an den Tag legten.

WIE VIELE SIND WIR EIGENTLICH NOCH.
Der dort an der Kreuzung stand,
war das nicht von uns einer.
Jetzt trägt er eine Brille ohne Rand.
Wir hätten ihn fast nicht erkannt.

Wie viele sind wir eigentlich noch.
War das nicht der mit der Jimi-Hendrix-Platte.
Jetzt soll er Ingenieur sein.
Jetzt trägt er einen Anzug und Krawatte.
Wir sind die Aufgeregten. Er ist der Satte.

Wer sind wir eigentlich noch.
Wollen wir gehen. Was wollen wir finden.
Welchen Namen hat dieses Loch,
in dem wir, einer nach dem andern, verschwinden.

Die Frage »Wie viele sind wir eigentlich noch?« stellt sich seit 1990 auch für die Ab-Wege vieler Bürgerrechtler. Zur Unkenntlichkeit verändert. Angepasst. Satt »angekommen« in der schönen neuen Welt.

Kurt Bartsch hatte 1968 ein kleines Bändchen veröffentlicht mit dem Titel »Zugluft«. Manchmal traute ich meinen Augen nicht, was die DDR-Zensur durchgelassen hatte. Die Gedichte des Kurt Bartsch changierten zwischen Literatur und Kabarett:

Brüder, seht die rote Fahne
hängt bei uns zur Küche raus
außen Sonne, innen Sahne
so sieht Marx wie Moritz aus.

Das waren Lebensmittel in der Schweigezeit. Schriftsteller wurden Auguren, Propheten und Aufklärer. Einige von ihnen gehen rückblickend mit dieser gesellschaftlichen Rolle allzu selbstkritisch um. Dabei waren sie doch unentbehrliche Anreger des freien Geistes. Und die Menschen verstanden sehr gut zu unterscheiden zwischen dem, was dasteht, und dem, was darin steht. Das Metaphorische wurde nicht als das Sklavische betrachtet, sondern als das Emanzipatorische erlebt. Im Sinne Kants: das Aufklärerische.

Im Übrigen war es die Literatur, die uns zwischen Ost und West auf eine besondere Weise verband. Und die Differenzen zwischen denen, die vierzig Jahre eine freiheitlich demokratische Ordnung erlebt, und denen, die in einem Ein-Parteien-Willkür-Staat hinter der Mauer gelebt hatten, lassen sich besser erklären und verstehen, wenn wir einander genauer erzählten, wie wir Literatur damals gelesen haben. Dazu gehört auch die Beobachtung, dass viele westliche Kritiker auch solche Autoren zu guten Schriftstellern zählten, die zur Mauerzeit in Schwierigkeiten gekommen waren.

Schon 1990 meinten einige Feuilletonisten: Nun könne man aufhören, aus politischen und menschlichen Rücksichten ästhetische Kriterien zu vernachlässigen; jetzt würden gleiche Kriterien für alle gelten und dann könnte deutlich werden, dass eine ganze Reihe von Autoren keine Gnade vor den Augen der Literaturkritik fänden.

Es ging einher mit der ökonomischen und der politischen Macht, die die Deutungsmacht auf die verflossene »Deutsche Demokratische Republik« legte. Beispielhaft dafür wurde der Umgang mit Christa Wolf nach ihrer Erzählung »Was bleibt« und noch mehr nach dem Fund einer Stasi-Akte aus dem Jahr 1959.

An der Schnittstelle des Systemwechsels, der keinen grundlegenden politischen und sozial-ökonomischen Wandel brachte, schrieb Christoph Hein seine Parabelerzählung »Kein Seeweg nach Indien«. Mir war schwer erklärbar, warum gerade diese Geschichte nicht mehr Wirbel und nicht mehr öffentliche Aufmerksamkeit fand. Darin wird schonungslos die Übernahme des Ostens durch den Westen ins Bild gebracht.

Am quälenden Versuch, Ost- und West-PEN zusammenzubringen, habe ich 1995/96 zu spüren bekommen, wie tief die Fremde ist und wie zugleich die Fronten nicht mehr zwischen Ost und West, sondern auch zwischen Ost und Ost und West und West verlaufen. Iris Radisch von der ZEIT wünschte sich den Ost-PEN dorthin, wo er hingehöre: in den Orkus.

Während der PEN-Tagung 1996 in Heidelberg eskalierte der Streit. Der West-PEN wollte nur einen nach seinen Kriterien gereinigten Ost-PEN übernehmen, was hieß, der Ost-PEN sollte sich zuvor von allen trennen, die als Zuträger oder als Spitzel der Staatssicherheit aktenkundig geworden waren.

Für ein Gespräch zur »Selbstaufklärung« wurde ich zum 14.1.1992 in den Ost-PEN eingeladen, mit Hermann Kant öffentlich zu reden. Einige Wochen zuvor hatte ich Kant in eine Reihe mit Schnitzler und Mielke bei der Zerrüttung der sozialistischen Idee gestellt. Das hatte ihn sehr verletzt. Und ich sage rückblickend: mit Recht hatte ich das gesagt, *und* zu Recht war er empört. Aber was ich gesagt hatte, war nicht falsch.

Kants Anhänger waren in Mengen gekommen, und ich stand einer Verteidigerfront gegenüber. Einer schlich sich mit dem Mikrofon in der Hand an den Tisch heran, beinahe kriechend, und grinste diabolisch. Es war der Meisterzyniker Henryk M. Broder. Was er über jene Veranstaltung schrieb, lässt sich gut messen mit den Darstellungen, die die SED mit missliebigen Leuten gepflegt hatte, nur noch mit schmierigstem Zynismus angereichert. Es seien Auszüge aus jenem Gespräch dokumentiert.

SCHORLEMMER: *...Ich bin sehr froh, dass wir in einer Lage sind, in der wir miteinander reden können, ohne dass andere Implikationen, nämlich die der Macht, damit verbunden sind. Wir werden darüber nachher sprechen müssen. Ich bin in einer gewissen Rollendiffusion, weil jeder wahrscheinlich weiß, was mein Hauptberuf ist, und ich eigentlich nicht zu denen gehören will und kann, weder will noch kann, die über andere zu Gericht sitzen. Aber der Gegenstand erfordert, dass wir das, was ausgesprochen werden muss, auch mit einer gewissen Schärfe aussprechen, mit Fairness, wie ich hoffe... ganz große Schwierigkeiten hatte ich damit, wie Sie Ihre hohe literarische und rhetorische Begabung in der Auseinandersetzung, wie Sie die einsetzen konnten für die Rechtfertigung der kruden Ideologie dieser kleinkarierten, machtbesessenen Ritter der Dienstagsrunde...Sie und andere haben, das ist mein Vorwurf,* *wenn ich das mal so sagen kann, Sie haben wesentlich, nicht unwesentlich, nicht nebenbei den Sozialismus auf dem Gewissen und damit auch die Plausibilität eines linken demokratischen Gedankenguts...*

Und ich, ein gestandener ›Konterrevolutionär‹ in der DDR, will doch nicht leugnen, hier etwas gelernt zu haben, was nicht aufgegeben werden darf, wenn denn die Welt eine Zukunft haben soll. Eine alternativlose Welt wäre vielleicht noch schlimmer als eine, die uns im Wettkampf der Systeme an den Rand des Abgrunds gebracht hat. Wir könnten diesen jetzt überschreiten.

KANT: *... Also, zunächst einmal zum Tribunal. Meine Reaktion auf Ihre Vision einer solchen Anstalt ist, glaube ich, zutreffend beschrieben worden. Ein Begriff, das wissen Sie als ein literarischer Mensch, so wie ich es weiß. Ein Begriff ist aufgeladen mit seiner Geschichte, und Tribunal ist aufgeladen. Am Ende der Tribunalsveranstaltungen fielen gelegentlich Köpfe in Körbe oder wurden Hälse in Schlingen gesteckt. Und, ich will es ganz vorsichtig sagen, ich hielte es für ein bisschen unangemessen, so zu verfahren; und das gilt nicht nur für mich, für einen dieser vier von Ihnen Genannten, sondern das gilt für die Leute überhaupt...*

SCHORLEMMER: *...Ich meine, wenn Sie jetzt gesagt hätten, Hermann Kant, ich bin gegen das Tribunal, weil ich mal eins mitveranstaltet habe und weil ich da auch die Macht noch hinter mir hatte und weil das schrecklich war für die Leute und weil ich mich dafür schäme, könnte ich mit Ihnen über das Tribunal und über den Verzicht auf dieses Wort besser re-*

den...Der Zweck unseres Forums ist die Mitwirkung an der konkreten Aufklärung und Bewertung der repressiven Wirkungsmechanismen des DDR-Systems, die Mitwirkung an der Aufarbeitung der damit verbundenen deutschen Geschichte sowie die Förderung des inneren Friedens im vereinigten Deutschland und der Verständigung zwischen Ost und West...

... Sie geben auf eine gewaltlose Revolution ein. Die Deutschen seien selbstverständlich nicht in der Lage, eine Revolution zu machen, wenn sie hinterher ‹Jesu, meine Freude› singen. Ich kann nur sagen, es war gut, dass 1989 Leute ‹Jesu, meine Freude› gesungen haben, weil das, denke ich, der Grund ist, weshalb viele noch leben. Aber nun müssen wir damit leben, dass da soviel aufgestaut ist und, was mein Hauptvorwurf in diesem Gespräch war, dass Sie dazu beigetragen haben, Menschen aus diesem Land zu vertreiben, und dass Sie ein Feindbild mitkonstruiert haben.

KANT: *Selbstverständlich habe ich mehr Möglichkeiten gehabt als andere, freilich sind sie mir nicht eines Tages durch reitende Boten an den Vogelherd getragen worden, sondern sie waren das Ergebnis von Arbeit. Aber ich hatte nicht das, was hier als Entscheidungsfreiheit beschrieben wird, wie denn? Wie denn? Ich war Teil einer Unternehmung, die für mich eine sozialistische war, ich war ein disziplinierter Genosse – ein Wort, das man heutzutage auch nur mit Vorsicht gebrauchen darf, weil dahinter vermutet wird, es sei eine Art Rechtfertigung im Kommen. Ich war ein disziplinierter Genosse, ich war jemand, der wusste, ohne bestimmte Einhaltung der Kampfregeln funktioniert dieses Leben nicht, wird man nicht mit ihm fertig...Ich sage das ungern, aber ein bisschen ist da Enttäuschung für mich. Warum greifen Sie, anstatt das Gespräch zu suchen, warum greifen Sie zu außerordentlich abgebrauchten und im Übrigen eigentlich unpassenden Klischees? Also, die Sache mit der Mauer habe ich vorhin schon berührt. Sie können durchgehen, was ich geschrieben habe, das liegt ja alles vor, Sie werden dort keinen Hymnus auf diese Einrichtung finden, ich war vielmehr der Ansicht, und bin nach wie vor dieser Ansicht, man müsste die Mauer überflüssig machen durch Veränderung im Lande. Und jemand, der meine Möglichkeiten hatte und nicht einsetzte, hat sich zu schämen. Ich habe versucht, sie zu nutzen. Das ist das erste. Das zweite: Sie kommen also mit dem – ich will es ein bisschen veredeln – aphoristisch verkürzten Bild vom 11. Plenum. Da wissen Sie wirklich nicht genug Bescheid. Ich bin der Autor, das heißt, ich sage hier ja nur Sachen, die gedruckt stehen, ich bin der Autor, der, glaube ich, wohl als einziger zu dieser Zeit, als einer von diesen sogenannten offiziellen Leuten oder unsäglichen Staatsdichtern, wie Sie das genannt haben, das 11. Plenum als einen Großanschlag dogmatischen Denkens auf die Kultur bezeichnet hat.*

SCHORLEMMER: *Wann war das?*

KANT: *Das war 1986 in der zweiten Auflage der Broschüre Hermann Kant, erschienen im Verlag Volk und Wissen, ausgerechnet in Margot Honeckers Verlag. Das steht es gedruckt, Sie können es nachlesen. Und ich habe es gesagt.*

SCHORLEMMER: *Zwanzig Jahre, Entschuldigung, einundzwanzig Jahre brauchten Sie, und Sie sagen, es steht gedruckt, das kann ich schlecht hören.*

KANT: *Ja, das können Sie schlecht hören, aber ich habe versucht, sozusagen erwachsen zu werden. Möglicherweise war ich zunächst beschränkter, als ich versuchte, nachher zu sein. Ich habe im Rahmen meiner Möglichkeiten gehandelt und gesprochen, und ich habe mir diese Möglichkeiten erst schaffen müssen. Ich war 1961, wenn ich Ihnen das sagen darf, noch nicht einmal der Verfasser eines Buches, nichts. Mein erstes Buch, das waren Erzählungen, die sind 1962 herausgekommen. Sie verlangen von mir, dass ich in dieser Zeit hätte handeln sollen, wie ich später gehandelt habe. Ich habe es später...*

SCHORLEMMER: *...1968 zum Beispiel...*

KANT: *'68, wovon sprechen Sie da?* (Lautes Lachen.) *Nein, da gab es ja verschiedene Sachen, nein, Verzeihung.*

SCHORLEMMER: *Ich meine jetzt nicht den Vietnamkrieg.*

KANT: *Ach, Sie meinen nicht den Vietnamkrieg. Sehen Sie, so ist es mit uns. Die einen vergessen das eine, und die anderen vergessen das andere.*

SCHORLEMMER: *Ich vergesse es nicht.*

KANT: *Na, lieber Herr Schorlemmer, ich habe bei Ihnen durchaus eine Menge Gedächtnislücken entdeckt... ich bitte Sie, ich fordere Sie hiermit richtiggehend auf, gucken Sie sich meine Bücher an; ich sage noch einmal, das ist die Hauptsache bei einem Schriftsteller...*

SCHORLEMMER: *Ich gucke mir auch Ihre Opfer an... Ich habe vieles als Pfarrer in der Seelsorge erfahren von Menschen, die im sozialistischen Strafvollzug waren, und ich gönne Herrn Mielke eigentlich nicht, dass er in Moabit sitzt. Er hätte in den sozialistischen Strafvollzug gesollt, damit er irgendwie mal merkt, was los war. Ich meine das nicht als einen Rachezusammenhang, sondern als einen Erkenntniszusammenhang.*

Der hätte mal mit ›Arafat‹ zusammen in Bautzen sei-
nen Strafvollzug erleben sollen. Arafat, so haben die
Häftlingen ihren Peiniger genannt. Und viele Betrof-
fene sind noch da, die endlich Stimme brauchen...
Ich denke, wenn wir einander gesagt haben, was
war, und wenn das Wort der ehrlichen Entschuldi-
gung ausgesprochen ist – so schwer das manchmal
ist, es kann einem ja auch vorgeworfen werden, dass
man sich entschuldigt – wer will entscheiden, ob je-
mand das wirklich ehrlich meint? –, dann muss
auch Schluss sein können. Es soll kein Perpetuum
mobile der Rache werden, sondern es muß, nachdem
etwas gesagt und geklärt worden ist, ein Schlussstrich
gezogen werden. Und deswegen...

KANT: *Wer zieht ihn? Wer zieht den Schlussstrich? Ich*
meine...

SCHORLEMMER: *Ich glaube, er wird gezogen, indem die*
Gesellschaft in einem längeren Prozess zu dem vor-
dringt, was ich inneren Frieden nenne. Ich glaube
nicht, dass einer sagen kann, ›Jetzt muss er gezogen
werden‹... Wir sind nicht der Richter oder der Be-
gnadiger für die Menschheit. Das ist ein Glück, sage
ich als Theologe und Christ, ein Glück.

KANT: *...Ich glaube, dass die DDR, soweit sie über sich*
selbst zu bestimmen hatte, dass die DDR mit zweier-
lei Macht nicht fertiggeworden ist: mit allem, was an
Macht das war, das sie nicht mochte, das diese DDR
nicht mochte, und mit der Macht, die sie hatte. Mit
beidem ist sie nicht fertiggeworden...

Am Schluss des Gesprächs meinte ich, dass ich das Gespräch mit Hermann Kant fortsetzen könnte. Und ich habe
das in dem 2007 erschienenen Gesprächsbuch mit Irm-

traud Gutschke »Die Sache und die Sachen« getan. In meiner Rezension konnte ich ihm bescheinigen, dass er »seine Klappe aufgemacht [hat], sich auf seine Weise eingemischt [hat], wobei ihn Scharfzüngigkeit, verbunden mit einer selbstverliebten Lust an originellen Formulierungen, überkam, die andere lebenslang verletzen konnte. Auch über dieses Kapitel seines Lebens spricht Kant auf eine Weise, die auch einen Kritiker Kants nicht unberührt lassen kann. Das ist ein gelungener Versuch, Kant gerecht zu werden – in all seinen Facetten. Das gelingt durch eine einfühlsame, kundige und keinen wunden Punkt auslassende, im Zweifelsfall auch nachhakende und aufs Weiterführende hin orientierte Fragerin … Immer ging es ihm um die große Sache, die man doch nicht wegen der kleinen Sache aufs Spiel setzen dürfe. Aber diese kleinen Sachen sind eben konkrete Menschen …«[10]

Ich finde, dass Kant eine angemessene Würdigung als Schriftsteller von »Die Aula« über den »Aufenthalt« bis zum »Abspann« verdient hätte, die ihn nicht auf den Funktionär reduziert.

In dem 2010 erschienen Buch »Kennung« versuchte er wiederum wortreich eine gewisse Verschleierung, die ihm im Rundfunk-Gespräch mit Günter Grass 2010 über dessen Stasiakte, Kant betreffend, nicht gelingen konnte. Wahrlich nicht konnte! Helmut Böttiger sprach davon, dass in diesem so lustigen wie listigen Stasi-Roman »die Ironie als pompöse Herrschaftstechnik« walte und so über alles hinwegginge.[11]

Wie die Stasi gearbeitet hatte, erfuhren wir durch gute West-Freunde, zum Beispiel durch Stefan Heyms Buch »Collin«, aber auch in Erwin Strittmatters »Wundertäter III«.

---

[10] In: Neues Deutschland vom 11./12.8.2007.
[11] Vgl. DR Kultur am 31.3.2010.

Reiner Kunze hat in seinem Bändchen »Deckname Lyrik« in analytisch klarer und zugleich schmerzhafter Weise seine Akten, die Akten der Perversion offengelegt, die Strukturen des Bösen am Einzelschicksal sichtbar gemacht.

Der Kabarettist und meistgespielte Kabarettbühnenautor Peter Ensikat hatte sich in wunderbar selbstironischer Weise darüber lustig machen können, ohne das je zu verkleinern, bis er auf erschütternde Weise mit der verschwiegenen Zusammenarbeit von Gisela Oechelhaeuser in ihrer Leipziger Zeit konfrontiert wurde.

Und doch scheint mir nach einem intensiven persönlichen, unter Verschwiegenheit stehenden Gespräch mit ihr im Jahre 1999 deutlich zu werden, dass der Fluchhammer allzu selbstgewiss über ihr geschwungen wurde.

Bei den Debatten um die Stasiakten ging bisweilen verloren, wie viel Mut zur Wahrheit Autoren gehabt hatten und auch Verlagsleiter, wie der Mitteldeutsche Verlag mit dem Drucken des Buches »Es geht seinen Gang« von Erich Loest.

Monopolanspruch auf Wahrheit in Frage zu stellen und die Suche nach Wahrheit in den Mittelpunkt zu stellen kam aus Lessing'schem Geist und war ein Schrei nach Demokratie. So schrieb Franz Fühmann 1978 an den Herrn Minister (Klaus Höpcke), beide seien doch Männer der Feder und wüssten, welche Lust an der Wahrheit in diesem Handwerk walte. Sie wüssten wohl auch beide, welche Qual es oft bedeutet, die Wahrheit zu suchen.

»Wenn ich die nunmehr zwanzig Jahre wäge, die ich hauptberuflich als Schriftsteller verbracht habe, so senkt sich die Schale mit den Qualen sichtbar tiefer als die mit der Lust. Das ist am wenigsten Schuld der Gesellschaft; von Schuld ist zunächst überhaupt nicht die Rede, die Sache selbst bringt es so mit sich. Es ist oft grausam quälend gewesen, das eigene Leben zu überdenken und der Wahrheit seiner Existenz ins Auge zu sehen. Ich kenne nur zu gut die Versuchung, bei der halben Wahrheit stehen zu bleiben, sich einen schmalen Ausweg offen zu halten, vor der Scham eines Geständnisses zu kapitulieren, eine ›ergötzliche kleine Lüge‹ zu hätscheln und, um der Pein von Konsequenzen zu entgehen, sich einen ›angenehmen Irrtum‹ zu erlauben, kurzum, den Qualen und Ärgernissen des ganzen Leids auszuweichen, und mich befällt manchmal ein Gefühl von Leid, wenn ich Kollegen versichern höre, das Schreiben sei rundum ein prächtiger Spaß.« In der DDR werde – fährt Fühmann fort – die schmerzliche Botschaft oft entweder als Verleumdung zurückgewiesen oder als unseriöses Belangen abgetan. In Wahrheitsfragen dürfe man eben nicht seine eigene Meinung als richtig und die widersprechende als falsch, von oben her als gefährlich administrieren.

Fühmann wollte damit eine Diskussion anzetteln. Er empfand einen besonderen Schmerz über den Weggang von Sarah Kirsch. Fühmann war es doch gewesen, der auf jüngere Talente aufmerksam gemacht hatte und sie förderte, wie Wolfgang Hilbig und Uwe Kolbe.

Literatur war zu jener Zeit aufregend und relevant, weil die Personen sich nicht hinter ihrem Text versteckten, sondern zu ihren Texten standen.

Heym hatte nach seinem Ausschluss aus dem Schriftstellerverband am 7. Juni 1979 unter anderem erklärt: »Ich bin gespannt, was man sich nun ausdenken wird, um zu verhindern, daß Autoren ihre hier unterdrückten Bücher anderswo drucken lassen. Oder wird man endlich gestatten, daß die Schriftsteller der DDR auch über Themen schreiben, die bisher oder schon wieder als Tabu gelten…?«

Die SED hatte damals versucht, Heym als einen Devisenschieber und Fragebogenfälscher zu denunzieren und mundtot zu machen. An Hermann Kant gerichtet sagte Heym: »Wer in der falschen Uniform und mit den falschen Abzeichen in ein falsches Lager geriet, sollte lieber nicht gegen die zu Felde ziehen, die damals in der richtigen Uniform, auf der richtigen Seite, für die richtige Sache kämpften.« Das saß. Und doch ist das Buch, das dann in einem sehr eindrucksvollen Film verarbeitet wurde, nämlich der Roman »Aufenthalt« von Hermann Kant, ein gutes und wichtiges Buch über das Verhältnis der Deutschen zu den Polen, und wer schließlich die Autobiographie des 80-jährigen Kant liest, spürt, wie klar er – wenn auch sehr spät – selbstkritisch mit sich selber umzugehen weiß. Er hatte diese Fähigkeit vorher allzu sehr von anderen erwartet.

Ich hatte 1972 die Gelegenheit gehabt, in einem kleinen Studentenzirkel in Potsdam an der Pädagogischen Hochschule Christa Wolf aus ihren Essays »Lesen und Schreiben« lesen hören zu können, und fand eine Frau vor mit einer Mütterlichkeit, einer Bodenhaftung, einer Direktheit und Wahrhaftigkeit, die mich in ihrer ganzen Schlichtheit tief beeindruckte. Und mir blieb auch für meinen Beruf von Bedeutung, dass sie die Funktion von Prosa für diese Subjektwerdung des Menschen hervorhob. Diese Essays wurden quasi zum Credo einer ganzen Generation, und sie hatte darin grundlegende Fragen über den Tag hinaus gestellt. (Seit 2015 kommt wieder Xenophobie über uns!)

Um einen innersten Verdacht auszusprechen: Vielleicht liegt den Menschen, die heute da sind, nicht wirklich – oder nicht genug – daran, als Gattung zu überleben; vielleicht genügt ihnen die Aussicht auf ein relativ ungestörtes Dasein für eigene Lebensdauer?

*In der Natur der Dinge oder in der biologischen Natur
des Menschen liegt der Humanismus nicht. Er wird uns
nicht angeboren. Jedes Individuum muß neu erkennen,
was die Gesellschaft in Jahrtausenden als höchste, müh-
samste, am meisten gefährdete Leistung hervorgebracht
hat. Kein Instinkt verbietet ihm, wie den meisten Tierar-
ten, die Tötung der Artgenossen ... Werden die fünf oder
sechs Milliarden Lebewesen, die um das mysteriöse Jahr
2000 herum aller Wahrscheinlichkeit nach die Menschheit repräsentieren werden, Lebensformen finden können, auf die das altmodische Wort »brüderlich« paßt?*[12]

Ich nenne drei Beispiele dafür, wie Literatur Widerstän-
digkeit unterstützt und Hoffnung gefördert hat. So legte
1971 ein Student mit Schreibmaschine geschriebene Zettel
irgendwo im Gelände der Franckeschen Stiftungen in Halle an der Saale aus. Er hatte die Umrisse der DDR darüber
gemalt und darunter geschrieben »Die DDR ist ein Gefängnis«. Dazu einige Zeilen aus Bertolt Brechts Gedicht
»Lob des Zweifels«, das er in einer meiner Morgenandach-
ten im Hause in die Hand gedrückt bekommen hatte.

*Das sind die Unbedenklichen, die niemals zweifeln.
Ihre Verdauung ist glänzend, ihr Urteil ist unfehlbar.
Sie glauben nicht den Fakten, sie glauben nur sich.*
                                        Im Notfall
müssen die Fakten dran glauben. Ihre Geduld
                                mit sich selber
Ist unbegrenzt. Auf Argumente
Hören sie mit dem Ohr des Spitzels.

---

[12] Christa Wolf, Lesen und Schreiben. Aufsätze und Betrachtungen, Berlin
1972, S. 221.

Zehn Staatssicherheitsleute kamen zusammen mit einem Staatsanwalt in das Haus, in dem ich Studieninspektor gewesen war, und machten eine Zimmerdurchsuchung bei dem Studenten. Was sie suchten, wusste ich in diesem Moment noch nicht, bis ich mitbekam, dass sie ein Buch suchten, in dem die Umrisse der DDR zu sehen waren. Und sie waren erpicht auf jenes Brecht-Gedicht, das als Durchschlag im Gelände der Stiftung von dem Studenten ausgelegt worden war. Mir aber sagten sie, es sei wieder ein Mord im Gelände der Franckeschen Stiftungen zu beklagen. Es habe mit dem Haus zu tun, das ich leitete.

Sie durchblätterten alle Bücher. Sie hatten mich aufgefordert, während der Durchsuchung anwesend zu bleiben. Nach der Durchsuchung sollte ich ein Protokoll unterschreiben, dass nichts aus der Wohnung entfernt worden sei. Das Brecht-Gedicht konnten sie nicht finden, denn nur ich besaß das Insel-Bändchen. Woher die Umrisse der DDR stammten, blieb offen. Ich war erstmalig Zeuge einer Stasi-Durchsuchung geworden. Das ganze Vorgehen der Sicherheitsorgane sollte »nach Recht und Gesetz« erfolgen.

Ich fürchtete eine komplette Durchsuchung des Hauses, und so packte ich alle einschlägige Literatur in Plastetüten ein und legte sie auf den Unterboden des Kinderwagens einer Studentin. Und wir gingen los und wurden von einem Staatssicherheitsmann verfolgt, konnten aber beim Umsteigen von einer Straßenbahn in die andere diesen Herrn abhängen.

An den Büchern, die damals im Kinderwagen gelegen hatten, hänge ich natürlich besonders. Es waren Bücher von Solschenizyn, Koestler, Biermann, Leonhard, Kolakowski, Bloch und diverse Abschriften von Gedichten und kurzen Prosatexten.

Was der Student (im Übrigen ein Pfarrerssohn, den man nicht zum Studium zuließ und dessen Herzenswunsch es gewesen war, Medizin zu studieren) getan hatte, das hatte er nur seiner Schwester anvertraut, und von ihr erfuhr ich, worum es sich gehandelt hatte. Jenes kleine, handgefertigte Flugblatt hatte er offensichtlich ausgelegt, um entdeckt und eingesperrt zu werden, damit er bald vom Westen rausgekauft würde.

Ich frage heute: Sollten einige Zeilen aus einem Brecht-Gedicht eine staatsgefährdende Macht haben?

Beim Umschmieden des Schwertes am 24. September 1983 im Lutherhof wurde Biermanns Text »Das Spielzeug« gelesen sowie ein Antikriegsgedicht von Sergej Michalkow, und der Lyriker Jürgen Rennert las ein eigenes Gedicht über die (bescheidenen) Wirkungen von Literatur für den Erhalt von Frieden.

Ich weiß wenig über die Wirkungsgeschichte und die Wirksamkeit von Appellen. Ich weiß nur, daß noch das Wenigste mehr ist als nichts.

Ich weiß wenig von der Macht des Wortes. Ich weiß nur, daß alles Tote entsetzt und entsetzlich schweigt.

Ich weiß wenig vom Frieden und wie das sein wird mit ihm. Ich weiß nur, daß ich wahnsinnig werde vom Krieg. Vom Nachkrieg. Vom Vorkrieg. Vom Nachbarkrieg. Vom Vornhereinkrieg. Vom Krieg.

Einige Teilnehmer fragten sofort noch am Abend, ob sie all diese Texte bekommen könnten. Und sie schrieben sie sich mit der Hand ab.

Als Walter Jens 1984 zu einer Gastvorlesung an der Universität Greifswald eingeladen worden war und dann (weil ja freie Bewegung für Westbürger, wenn sie ein Einreisevisum hatten, in der DDR durchaus möglich war) kam er zu mir, und ich musste ihm mitteilen, dass er keine Genehmigung für einen weiteren öffentlichen Auftritt hätte. Darauf sagte er, für eine Diskussion sei er nicht gekommen, und ich sagte ihm: »Herr Jens, das regeln wir anders. Ich begrüße Sie und stelle Ihnen dann eine Frage, nämlich: Was war Luther als Prediger, als Publizist und Poet. Und dann können Sie ausführlicher antworten und auch sich selber zitieren.«

Ich stellte ihm diese Frage, und Jens gab mir eine etwa einstündige Antwort; dann setzten wir die »Diskussion« fort.

1977 hatte ich Stefan Heym in die Studentengemeinde nach Merseburg eingeladen. Jeder Student, der diese Veranstaltung besuchte, musste sich schon genau überlegen, ob er käme, denn unter uns wirkten damals unbekannte Zuträger der Stasi, die genaue Personenkenntnis hatten. Stefan Heym nahm alle seine Antworten auf einem kleinen Aufnahmegerät auf. Mich verwunderte das sehr und ich fragte ihn, warum er dies täte. Er sagte, er müsse wenn er wieder in Konflikt mit den Staatsorganen käme, selber nachweisen können, was er wirklich gesagt hatte.

Ich hatte gedacht, er hätte auch Interesse an den Fragen gehabt. Nein, nur Interesse an seinen eigenen Antworten.

Einen Vorgeschmack für die (dort noch in weiter, weiter Ferne liegenden) Demonstrationen vom Herbst 1989 erlebte ich in Halle am 6. November 1983, bei der sogenannten Friedensbrücke, einer Idee meines Studienfreundes Siegfried Neher: eine Art Prozession von verschiedenen Kirchen aus verschiedenen Himmelsrichtungen zu machen, indem gewissermaßen Stationengebete zum Frieden in den Kirchen stattfanden, bis sich alle sodann in der Moritzkirche versammelten. Da waren einige tausend Teilnehmer versammelt. Walter Jens sprach über den »Barmherzigen Samariter« und ich zum Thema »Dein Feind braucht Frieden«.

Das Nachdenken darüber, wie Frieden mit dem Feind zu schaffen ist und wie wir uns vor den Fallen unserer Feindbilder bewahren können, war und blieb ein mir wichtiges Thema: von der atomaren Blockkonfrontation mit gegenseitig garantierter Vernichtungsdrohung, der sogenannten Abschreckungsdoktrin an bis zum »New War«, den Präsident George W. Bush 2001 ausgerufen hatte. Nun tobt seitdem ein asymmetrischer Krieg um Ressourcen und Einflusszonen. Der Kampf gegen den terroristischen Islamismus wird gerechtfertigt, ohne dass eine »Front« und ein Ende absehbar sind. Die ganze muslimische Welt kommt unter Terrorismusverdacht. Alte Fragen stellen sich neu. Das Projekt Aufklärung steht zur Debatte. Weitere Flüchtlingsströme stehen uns bevor – mit allen innenpolitischen Risiken.

Diverse Ängste werden geschürt und Nationalismus reaktiviert. Gegenseitige Feindbilder werden neu in Stellung gebracht, auch gegen »den Osten«. Gerechtigkeit aber bleibt eine der Grundbedingungen für Frieden – und die jetzt fast bedeutungslos gewordenen Vereinten Nationen werden wichtiger denn je. Der Geist des Friedens braucht Macht und Mehrheit in Freiheit. Die Welt braucht Weltliteratur, die Macht der Worte statt des Wortes der Macht.

»Es gibt keinen Weg zum Frieden; der Friede ist der Weg.« (Gandhi)

Ich fragte 1983 in meiner Meditation:

Wer ist der Feind?

Der Erbfeind, der Erzfeind, der Todfeind, der Parteifeind, der Kirchenfeind, der Volksfeind, der Friedensfeind, der Staatsfeind, der Hauptfeind?

Wer ist der Feind?

Wo ist der Feind?

Ist er mir feind?

Bin ich ihm feind?

Warum ist er mein Feind? Warum wird er mir nicht Freund?

Brauche ich den Feind?

Braucht er mich? Wozu?

Komme ich ohne Feind aus?

Was wären wir ohne unsere Feinde?! Wohl dem, der keine Feinde braucht.

Einige tausend Menschen sind in diesem Raum versammelt. Wie viele Feinde sind jetzt hier? Keine?

Es sind also immer »die da draußen«, »die da drüben«, immer »die anderen«.

Wo stehen sie?

Stehen sie rechts, stehen sie links? Sind es die in der Mitte?

Sodann habe ich über die Folgen von Feindbildern reflektiert und den inneren Zusammenhang zwischen der Software und der Hardware des Friedens herausgearbeitet, wobei man immer nach einem manichäischen Muster verfährt und sich selber für das Gute hält, die anderen für das Böse, die einen für die Repräsentanten des Morgen, die anderen für Repräsentanten des Gestern.

Angst produziert Waffen und die Waffen produzieren Angst. – Und ich schloss meine Meditation mit den Zeilen aus dem Gedicht »Alle Tage« von Ingeborg Bachmann:

»Die Uniform des Tages ist die Geduld,
die Auszeichnung der armselige Stern
der Hoffnung über dem Herzen.«
Der Stern, der armselige Stern der Hoffnung über dem
  Herzen
sei unsere Auszeichnung...

Sucht den Feind
nicht zu besiegen,
sucht ihn
zu verwandeln.
Dann seid ihr selbst Verwandelte.[13]

Im September 1982 hatte ich in der Synode des Bundes der Evangelischen Kirchen dagegen protestiert, dass das Symbol *Schwerter zu Pflugscharen* aufgrund des staatlichen Drucks aus der Öffentlichkeit genommen worden war. Ich meinte, dass dies kein Zeichen »für innerkirchlichen Dienstgebrauch«, sondern für die Öffentlichkeit sei.

Das habe ich genau ein Jahr später in die Tat umgesetzt und eine öffentliche Schmiedeaktion auf dem Wittenberger Lutherhof organisiert, geleitet und verantwortet.

Ich hatte in jenem Beitrag auf der Synode darauf verwiesen, was Günter de Bruyn bereits 1981 gesagt hatte: »Der dauerhafteste Schutz eines Staates ist die Zufriedenheit seiner Bewohner.« Und die Feindpropaganda dient immer dazu, von eigenen Problemen abzulenken.[14]

Immer wieder haben findige Leute es vermocht, Texte zu drucken, die eigentlich nicht druckbar waren. So das Ge-

---

[13] In: Friedrich Schorlemmer, Träume und Alpträume. Einmischung 1982–90, Berlin 1990, S. 34–39.
[14] A. a. O., S. 12ff.

dicht des Internisten Eckhard Ulrich aus Halle mit dem Titel »Perspektive«. Es wurde zu einem Widerstandsgedicht gegen jegliche Uniformierung in der DDR. Gegen die Perspektive des »auf Reihe geschalteten« Menschen.

Ulrich wurde 1989 nach dem politischen Umbruch Professor. Er hatte sich sehr aktiv an den Demonstrationen von 1989 beteiligt. Seit 1991 gab es Gerüchte darüber, dass er IM gewesen sei. Anfang der 80er Jahre hatten viele seiner Kollegen legal oder illegal die DDR verlassen. Man lud ihn zu Gesprächen mit den »Organen«. Ulrich war zudem phasisch von seelischen Düsternissen geplagt und fiel in eine tiefe Depression angesichts solcher Vorwürfe; er nahm sich das Leben, weil er es nicht mehr ausgehalten hatte, abzuwarten, bis die Wahrheit ans Licht kommt, wie er in seinem hinterlassenen Abschiedsbrief geschrieben hatte. Ich habe ihm ein Nachwort zu seinem Gedichtband »ich habe aufgegeben dieses land zu lieben« geschrieben. Eine förmliche Rehabilitation erfolgte nicht. Aber Dr. Ulrich hat 1996 posthum den Literaturpreis des Deutschen Ärztebundes bekommen.

In einer extrem angespannten Situation, nämlich im September 1976, nach der Selbstverbrennung meines Amtsbruders Oskar Brüsewitz, hatte ich den sogenannten »Abend der Begegnung« beim Kirchentag, in der zentral gelegenen Marktkirche, zu organisieren. Dort haben wir in einem Abendgebet Gedichte gelesen, etwa Heinz Czechowskis Gedicht »D«, also ein Gedicht über Deutschland. Und ich hatte dort aus Obstkisten, die mit Tapete umwickelt waren, eine hohe Mauer aufgebaut und diese Mauer symbolisch durchbrochen.

Auch symbolische Akte können Akte der Freiheit sein. Auch wenn die Wirklichkeit dem noch nicht nachkommt, so nehmen sie doch Zukunft voraus, nähren Sehnsucht und stärken Hoffnung.

Vor die nachgestellte Mauer hatte ich ein Gedicht gelegt, das von Erich Fried stammt. Erich Fried war in Begegnungen zwischen ostdeutschen und westdeutschen Studenten in Berlin öfter Gesprächsgegenstand gewesen. Wir interpretierten dort für Westdeutsche Christa Wolfs »Kindheitsmuster« und die Westdeutschen interpretierten uns Erich Fried. Darunter war eben dieses Gedicht, das ich als Kranzschleife aufgeschrieben hatte und sah, wie einige Teilnehmer sich dieses Gedicht auch ganz abschrieben. Es war 1968 geschrieben worden – im Blick auf die gängige Vorausresignation so vieler. Und solch eine Vorausresignation bedauerte und beklagte ich damals bei uns in der DDR.

»Weil das alles nicht hilft
Sie tun ja doch was sie wollen

Weil ich mir nicht nochmals
die Finger verbrennen will

Weil man nur lachen wird:
Auf dich haben sie gewartet

Und warum immer ich?
Keiner wird es mir danken

...

Weil auch bei den anderen nur
mit Wasser gekocht wird

Weil ich das lieber
Berufeneren überlasse

Weil man nie weiß
wie einem das schaden kann

...«

Das sind Todesursachen
zu schreiben auf unsere Gräber

die nicht mehr gegraben werden
wenn das die Ursachen sind

Ich behaupte: Wir sind insgesamt doch unter unseren Möglichkeiten geblieben und die wahre Regentin war die Angst. Nicht die Staatssicherheit selbst, sondern die Angst davor. Und die Staatssicherheit statuierte immer wieder abschreckende Exempel, die einen einschüchternden Charakter hatten. Immer war es eben der Einspruch der »Klugen«, die vom Engagement abrieten, weil es ja sowieso nichts würde. Bisweilen waren es die Spitzel, die das Lähmungsgift Resignation versprühten.

In meiner Arbeit suchte ich immer wieder Argumente gegen die Ohnmacht, und die Literatur, insbesondere die Poesie, wurde ein grenzüberschreitendes Argument und eine tiefwirkende Kraft gegen die Ohnmacht.

Immer wieder und immer neu ging es um die »Chance der Bärenraupe«, der es mit unglaublich viel Glück gelingt über eine von vielen Lastern befahrene Straße heil zu gelangen.

Und im Jahre 2018? Welche Literatur ist es heute, die über Chancen spricht und Niederlagen nicht übergeht?

Das ist immer noch die schmerzhaft ehrliche Selbstbefragung von Christa Wolf. Es sind heutige Gedichte und

Prosatexte von Volker Braun. Es sind die Bücher über Freiheit, die nur »In dem Reich der Träume« ist – wie Friedrich Dieckmann sein Buch über Friedrich Schiller überschreibt.

Es ist Thomas Rosenlöcher als Erzähler, Jana Hensel als so klug analysierende Nachgeborene der DDR.

Es ist die sogenannte Theopoesie der Theologin Dorothee Sölle und die Lyrik der Hilde Domin, die »Nur eine Rose als Stütze«[15] hatte. Freiheit wollte sie, aufgeraut mit Schmirgelpapier.

Nichts weiter ...

ist vonnöten

Nennt

das Runde rund

und das Eckige eckig

Also weitermachen, und das Eckige auch eckig nennen.

Immer noch, immer wieder faszinieren mich verdichtete Texte, weil sie kurz alles, alles kurz zu sagen vermögen, ohne zu verkürzen. – Das Gedicht »Das Eigentum« von Volker Braun gehört dazu.

Da bin ich noch: mein Land geht in den Westen.
KRIEG DEN HÜTTEN FRIEDE DEN PALÄSTEN.
Ich selber habe ihm den Tritt versetzt.
Es wirft sich weg und seine magre Zierde.
Dem Winter folgt der Sommer der Begierde.
Und ich kann bleiben wo der Pfeffer wächst.
Und unverständlich wird mein ganzer Text
Was ich niemals besaß wird mir entrissen.
Was ich nicht lebte, werd ich ewig missen.

---

[15] Hilde Domin, Sämtliche Gedichte, S. Fischer Verlag 2009, Seite 155ff.

Die Hoffnung lag im Weg wie eine Falle.
Mein Eigentum, jetzt habt ihrs auf der Kralle.
Wann sag ich wieder mein und meine alle.

Juli 1990

Am Eigentum scheiden sich sowieso die Geister, und so lesen die einen dies Gedicht als eine kabarettistische Einlage, die anderen als einen literarischen Protestschrei, als einen präzis-kritischen oder einen kitschig-gereimten Gelegenheitstext, als nostalgisches Elaborat oder als nachholende Selbstbehauptung eines Verlierers, als einen klar analytischen oder als postmarxistischen »Beitrag zur Lage« im Sommer 1990 in der sich abwickelnden und abzuwickelnden DDR. Die einen finden darin ein literarisches Patchwork, die anderen ein gedanklich so geschlossenes wie literarisch verdichtetes politisches Pamphlet, ein Zeit-Zeugnis mit unverkennbarem Zeit-Index »1990« oder eben als eine geradezu prophetische Spruchsammlung.

Ein großes Gedicht, finde ich. Braun »bringt es auf den Punkt«, wie innerlich zerrissen das sich vereinigende (Ost-)Land war. Kalt lässt das Gedicht keinen, faszinierend wirkt es jedenfalls. Jede Zeile ruft Welten wach.

So anspielungsreich, ironisch gebrochen, dialektisch gefügt, gewagt gereimt, so traurig wie trotzig, so hart auf den Boden der Realität geworfen und doch neue utopische Kraft herbeisehnend ist kein anderer Text aus jenen zwölf Monaten – vom demokratischen Aufbruch mit zivilisierter revolutionärer Kraft im Oktober '89 bis zum feierlich besiegelten Anschlussakt vom 3. Oktober 1990.

Was bleibt von mir, was von uns in diesem sich auflösenden Lande »im Sommer der Begierde«? Was haben wir vorzuweisen? Eine »magre Zierde«, zu wenig für das, was wiegt und zählt in einer Gesellschaft, wo nur zählt, was sich zählen lässt.

Welcher revolutionäre Akt – »ich selber hab ihm den Tritt versetzt« – in gewaltfreien Formen wurde alsbald zum Versprechen blühender Landschaften, gleich übermorgen, im Sommer der Begierden. Welcher gemeinsame gesellschaftliche Kontext entschwindet, der Literaten und Leser auf eigentümliche Weise beim Zwischen-den-Zeilen-Lesen verband – »unverständlich wird mein ganzer Text«, weil der gesellschaftliche *Kon*text abhanden gekommen ist. Fragesätze als Aussagesätze.

Wer nicht will, also wer es nicht so will, wie die neuen Herren es wollen, der kann ja gehen und »bleiben, wo der Pfeffer wächst«. Klage und (Selbst-)Anklage wird nicht ausgelassen, dass wir (jeder einzelne) unter unseren Möglichkeiten geblieben sind, dass der emanzipatorische Impuls nicht zur Geltung gekommen, das Denken so eingemauert, der freiheitliche Impuls wieder und wieder abgewürgt worden war. »Was ich nicht lebte«, wird mir entrissen, bevor ich es wirklich leben konnte! Also kein falsches WIR und kein bequemes Abschieben der Verantwortung auf andere oder eben auf die herrschaftsbesessenen Gerontokraten da oben. Der Einzelne trifft nun auf die neue, die geballte Macht derer, die zu krallen gelernt haben. Das hat System. Das ist System. Doch dass in meinem Land, das in den Westen gegangen ist, allen alles gehörte, war nie wahr. Es war nicht Volks-, sondern Staatseigentum, und der Staat gehörte einer Partei, die die Gesellschaft verschluckt hatte. (Deswegen muss man nicht gleich allen niedere Motive oder verbrecherisches Handeln unterstellen, zumal »die Partei« zur Rechtfertigung ihres Tuns stets edelste Ziele formulierte, aber fortgesetzt an Wirklichkeitsallergie litt.)

War nicht alles schlecht oder wurde schließlich nur noch ein Phantom entrissen? Und nun wird doch – leise! – das Prinzip Hoffnung aufgerufen, ohne dass der Hoffende je wirklich erreicht, wozu er auf dem Wege ist, aber eben auf dem Wege bleibt, ein in sich lohnendes Ziel formuliert, das motiviert und inspiriert.

Letztlich ist und bleibt alles eine Frage des Eigentums und seiner realen Verfügungsgewalt. Wer nichts hat, hat auch nichts zu sagen. Die Entfremdung wäre erst aufgehoben, wo mein Eigentum zugleich das aller anderen ist. Und wo jeder dafür eigenständig Verantwortung übernimmt, wo jeder das nach seiner/ihrer Begabung auch *kann* und *will*. Und dann davon auch etwas *hat*. Das aber schließt ein, dass es das ganz Meine gibt, meinen geschützten Lebensraum, meinen Rückzugsort, mein würdiges Auskommen und mein frei verfügbares Einkommen. Ohne Krallen und ohne zu krallen.

»Da bin ich noch.« Dieser Satz lässt sich so und so und so sprechen.

Eine gewisse Unverwechselbarkeit und prägende Unterschiedenheit gilt auch noch nach 28 Jahren unseres Lebens unter einem gemeinsamen politischen Dach im neu vereinigten Deutschland, wenngleich nicht zu übersehen und zu übergehen ist, dass mit der Zahl der Paläste auch die der Hütten weiter und wieder wächst und dass der Wunsch Willy Brandts (vor dem Bundestag am 4.10.1990) für zu viele nicht in Erfüllung gegangen ist: »Dass ohne entstellende Narben zusammenwächst, was zusammengehört.«

Da bin ich noch. Im Text früheren Lebens selbstbewusst lebend, das Neue kritisch integrierend, statt larmoyant Verlorenes zu beklagen oder gar nostalgisch zu verklären. (Selbst-)kritisch bleiben mit dem ganzen

Text meines ganzen Lebens und Landes, das in den Westen gegangen ist. Da ist auch nicht alles schlecht. Wirklich nicht.

Die Herausforderungen für eine auf Menschenrechten basierenden Demokratie und freien, weltoffenen Kultur in Zeiten eines neuen europaweiten rechtsnationalistischen Schubs sind dramatisch und verlangen nach aktiver Verteidigung unserer Demokratie. Sie ist nicht selbstverständlich und bedarf des persönlichen Einsatzes von Demokraten, wo sogenannte »soziale Medien« mit »fake« und »hate« die meinungs- und gefühlsbestimmende Oberhoheit gewinnen könnten.

Literatur kann und muss auf neue Weise analysieren, intervenieren, orientieren, klären, aufrütteln – und ermutigen. Die Maxime Ingeborg Bachmanns gellt im Ohr, fordernd und ermutigend: »Die Wahrheit ist dem Menschen zumutbar.« Mir und meinen Nachbarn zur Linken und zur Rechten, die kaum Bücher lesen.

Dies alles ist wesentlich aus der Präsentation von Linksliberalen, wie man in der Bundesrepublik sagen würde, geschehen. Das Thema »Emanzipation« wurde bei uns insbesondere durch einige Bücher verhandelt und diskutiert, nämlich über die Tagebücher und Briefe von Maxi Wander oder Brigitte Reimann, durch die Kalendergeschichten von Bert Brecht, durch den »Wundertäter«, Band III von Erwin Strittmatter, die Theaterstücke von Christoph Hein und Volker Braun im Deutschen Theater, durch Plenzdorfs »Die neuen Leiden des jungen W.«, Christa Wolfs »Kassandra« und ihre »Frankfurter Vorlesungen«, die Gedichte von Günter Kunert und Reiner Kunze, Hans Cibulka und Thomas Brasch, Eva Strittmatter und Jürgen Rennert, Johannes Bobrowski, Rainer Kirsch und Heinz Kalau…

Nicht zu vergessen die Essays von Friedrich Dieckmann und Daniela Dahn, die Theaterstücke von Heiner Müller und Peter Hacks, die Kabaretttexte von Peter Ensikat und Wolfgang Schaller.

Literatur war im besten Sinne Lebensmittel und das angesichts der kargen Lebensmittelläden in der DDR, nicht verschweigend, dass hier niemand gehungert hat. Und dass in karger Landschaft bisweilen der Geist blüht – und am Kiosk lag monatlich ein qualitätsorientiertes Lyrikheft aus. Und wurde gekauft: das POESIEALBUM.

Hinzu kommt die ausländische, durchgeschmuggelte »östliche« Literatur, insbesondere aus Polen und aus der Sowjetunion: Solschenizyn oder Kopelew, Schalamow, Aitmatow und Tendrjakow, Schukschin und Grossmann, Scholochow und Granin. Brandys, Lem und Rozewicz…

Wer DDR-Geschichte schreiben will und dabei nicht auf der politischen Oberfläche bleibt, muss die DDR auch als eine Literaturoase im dogmatisch-kommunistischen System bewerten. Diese Oasen waren klein. Aber es gab sehr unterschiedliche dazu. Sie machten Appetit auf mehr. 1989 stellte sich heraus, wer die große Mehrheit bildete: die auf Bananen Hungrigen und die nach Westmark und nach Reisepass sich Sehnenden, die »die sozialen Errungenschaften« behalten wollten, nicht aber die kommunistische Ideologie.

Für andere stand das vorne an, was Anfang Oktober Motiv und Inspiration war: Freiheit, Selbstentfaltung, soziale Gerechtigkeit, Frieden, »Ehrfurcht vor dem Leben« und ein Wort, das gilt und trägt, auch gegen Macht und Mehrheit. »Ist mein Wort nicht wie ein Feuer … und wie ein Hammer, der Felsen zerschmeißt?« (Jer 23,29)

Uwe Grüning dichtete 1977 einen Jeremia-Zyklus. Im »Trostlied des Propheten Jeremia« heißt es:

Das Getier merkt seine Zeit
und die Störche unter den Himmeln.

Eh und je
hast du geliebt uns. Mit deinem
Namen bin ich genannt,
mit deinem
Male bin ich gezeichnet,
ungetrost, der ich gesetzt bin
über Völker und Reiche
mit der gebrechlichen
Waffe nur deines Worts.
. . . [16]

---

[16] Uwe Grüning, Fahrtmorgen im Dezember, Berlin 1977, S. 70.

Ein Jahrhundert verstehen
Max Frischs Tagebuch 1946–1949

Dieses Tagebuch Frischs, von einem Freund vor 50 Jahren über die Grenze geschmuggelt, hat mir wie kein anderes Buch so umfassend, differenzierend und inspirierend geholfen, mich und meine Welt zu verstehen, lässt Frisch doch nichts von dem aus, was noch immer zum Nach- und Vorausdenken ansteht. Als »Einzelsteine eines Mosaiks« versteht er seine Bestandsaufnahme der Welt nach dem großen Krieg sowie seine Suche nach einem friedensfähigen Europa. Frisch war für mich der Erste, der die politische Funktion von Feindbildern aufdeckte und falsche Fronten schon 1948 bei einem europaweiten Kongress in Warschau zu überwinden suchte.

Auch in persönlichen Beziehungen sich voneinander Bilder zu machen, entpuppt sich als Teil unseres Verhängnisses. Die Tragödie des andorranischen Juden wird, zusammen mit der Arglosigkeit des Herrn Biedermann gegenüber den Brandstiftern, zur Story des Jahrhunderts schlechthin. »Kassandra, die Ahnungsvolle, die scheinbar Warnende, so nutzlos Warnende. Ist sie immer ganz unschuldig am Unheil, das sie voraussagt? Dessen Bildnis sie entwirft.«

Das gesamte Tagebuch stellt sich dem Abenteuer der Wahrhaftigkeit. Die Würde des Menschen ist die Wahl, »nicht die Badewanne, die der Staat ihm liefert, wenn er nicht am Staate zweifelt«. Sogar Gott lässt dem Menschen die Wahl, ob er seinen guten oder seinen bösen Engeln folgen will. Bei jeder Zeile wusste ich, warum die, die uns hinter der Mauer keine Wahl ließen, dieses Tagebuch nicht drucken ließen.

Der Autor tritt mir als Partner gegenüber, ja er wünscht mich als seinen Partner, als einen, der sich freut, dass er an ähnlichen Fragen herumwürgt, mit ihm sucht, ihn befragt und ergänzt.

Da dokumentiert und kommentiert er die Gespräche mit Bert Brecht 1948. Da finde ich Betrachtungen über Michelangelos »Pieta«, über die Sterblichkeit als köstliches Geschenk. Ganze Lebenswelten tun sich auf, wo er über Arbeit als Fron, Lust und Flucht, über Lüge und Verlogenheit, über die (Un-)Möglichkeit sittlichen Handelns in Diktaturen oder über den misslingenden Umgang mit bedrückender Vergangenheit reflektiert. Da diagnostiziert einer, dass unser Zeitalter das menschliche Maß und Tempo überschritten habe.

…der Fortschritt, der nach Bikini führte, wird auch den letzten Schritt noch machen: die Sintflut wird herstellbar. Das ist das Großartige. Wir können, was wir wollen, und es fragt sich nur noch, was wir wollen; am Ende unseres Fortschrittes stehen wir da, wo Adam und Eva gestanden haben; es bleibt uns nur noch die sittliche Frage. Vielleicht dürfte man nicht von Freude reden; es tönt nach Zuversicht oder Hohn, und eigentlich ist es keines von beidem, was man beim Anblick dieser Bilder [vom Bikini-Atoll, F. S.] *erlebt; es ist das erfrischende Wachsein eines Wandrers, der sich plötzlich an einer klaren und deutlichen Wegkreuzung sieht, das Bewußtsein, daß wir uns entscheiden müssen, das Gefühl, daß wir noch einmal die Wahl haben und vielleicht zum letztenmal; ein Gefühl von Würde; es liegt an uns, ob es eine Menschheit gibt oder nicht.*[1]

---

[1] Max Frisch, Tagebuch 1946–1949, Suhrkamp Verlag, Frankfurt 1950, S. 66f.

Einen langen Problemkatalog habe ich mir als persönliches Register in für dieses Buch angelegt, es wieder und wieder ergänzt – zum Nachlesen, zum Vorlesen, zur Anregung für Seminare auch.

Ein hellsichtiges Buch. Ein schöner Mosaikstein jeder einzelne Gedanke, jede kleine Geschichte aus dem Café Odeon oder vom Letzigraben.

Frisch weiß und wagt Antworten, vorläufige, und weiß um »Glück als das lichterlohe Bewusstsein: diesen Augenblick wirst du niemals vergessen«.

»Es gibt nichts, was uns nichts angeht«
Heinrich Böll als Brückenbauer

Heinrich Böll war zweifellos eine grenzüberschreitende Autorität: menschlich, politisch, künstlerisch. Freilich nie eingepasst, also auch heftig umstritten wie Christa Wolf in der DDR. Beide ließ nicht los, was vor 1945 geschehen und von uns ausgegangen war und wie wir Deutschen nach der Befreiung von der mörderischen Verirrung mit unserer – geteilten – Vergangenheit umgegangen sind.

Ohne einen generellen Rückblick ist vieles kaum verständlich: Es waren zur Zeit der Teilung 1949 bis 1989 vor allem die Kunst und die Kirchen, die im vorpolitischen Raum (offen oder konspirativ) die Verbindung zueinander unter »geteiltem Himmel« hielten. Zu dem, was wir heute den zivilgesellschaftlichen Raum nennen, gehörten die seit 1963 stattfindenden Ost-West-Begegnungen. Sie hatten – um mit Camus zu reden – die »von allen erlebte und erlittene Wirklichkeit« zum Gegenstand.

Wir versuchten uns damals gegenseitig verständlich zu machen, unabhängig von solchen Medien, die den Kalten Krieg befeuerten. Wir versuchten, die jeweilige Situation aus persönlicher Perspektive einander zu beschreiben, ohne sie sofort zu bewerten. Wir wollten verstehen und verstanden werden. Wir wollten und konnten Fehlentwicklungen in beiden Teilen Deutschlands benennen.

Die Begegnungen wirkten impulsgebend, bis hin zur »Berliner Begegnung zur Förderung des Friedens« im Dezember 1981, angestoßen von Stephan Hermlin und dann später fortgesetzt in Köln 1982 bei der Interlit.

Das Politische und das Literarische waren miteinander verwoben, so insbesondere in der Entspannungspolitik, die aktiv in Brandts Kanzlerarbeit durch Autoren wie Günter Grass, Siegfried Lenz und Heinrich Böll begleitet worden war.

Neben dem »ständigen Vertreter« gehörten auch Schriftsteller zu denen, die menschliche Erleichterungen einforderten und beförderten – durch Texte, durch Petitionen oder durch Kontakte zu Politikern, die bei der Ausreise oder beim sogenannten »Freikauf« halfen.

Ausgerechnet nach der Niederschlagung des Prager Frühlings 1968 begann der Außenminister der großen Koalition und spätere Kanzler Brandt, zusammen mit Außenminister Scheel und dem Architekten der Entspannungspolitik Bahr, die Entspannungspolitik mit dem Osten.

Diese Politik war auf Entfeindung gerichtet, als ein Versuch, sowohl Waffen abzubauen als auch Feindbilder. So reisten mehrere Schriftsteller – selber »Vertriebene« – im Dezember 1970 mit zur Unterzeichnung des Warschauer Vertrages. Begegnungen zwischen Ost und West, einschließlich der Privatbesuche in der DDR ohne verwandtschaftliche Beziehungen, wurden nach dem Grundlagenvertrag 1972 möglich. Die Schlussakte von Helsinki der KSZE vom August 1975 beendete den Streit um den sogenannten »Korb 3«. Es wurde vom Westen Nichteinmischung und vom Osten die Gültigkeit der Menschenrechte kodifiziert, einschließlich der Reiserechte, bei Nichteinmischung in die jeweiligen inneren Angelegenheiten. Diese KSZE-Schlussakte ersetzte einen Friedensvertrag.

Die Angst in Ost und West vor den jeweiligen Raketen der Gegenseite aber blieb und führte seit Ende 1979 zu einer Friedensbewegung, die grenzüberschreitend war – insbesondere seit dem sogenannten NATO-Doppelbeschluss.

Schriftsteller – voran Heinrich Böll – wurden Impulsgeber und Berufungsinstanzen. Sie begleiteten das grenzüberschreitende friedenspolitische Engagement. Wir wussten uns in Wittenberg bei der später »spektakulär« genannten Umschmiedeaktion im Lutherhof von Kämpfern gegen die atomare Hochrüstung und gegen die dabei in Stellung gebrachten Feindbilder in Ost und West getragen.

Schriftsteller hatten in der DDR eine besondere Aura. Das begann mit dem Triumphzug der zu jener Zeit noch nicht staatlich verordneten Begrüßung Thomas Manns 1945: Ein Triumphzug von der deutsch-deutschen Grenze bis nach Weimar. Heinrich Böll las im November 1969 in der Kirche in Berlin-Weißensee. Rappelvoll bis in die Eingangshalle und Gänge. Die Feuerwehr würde das heute nicht mehr zulassen.

Kein westdeutscher Autor wurde so zahlreich gedruckt – und gelesen! – wie Heinrich Böll. Aber er ließ sich nie vereinnahmen. (Die »Ansichten eines Clowns« ließ die Zensur natürlich nicht durch.) Als Böll 1972 den Nobelpreis bekam, war er für unsereins jenseits des »antifaschistischen Schutzwalls« ein deutscher Autor, denn hier wurde nicht ein West-Deutscher, sondern ein deutscher Autor geehrt, der es geschafft hatte, auch von denen gelesen zu werden, die sonst eher zu »leichterer Kost« griffen. Warum? Weil er von allen verstanden werden wollte und verstanden wurde – dank der Bodenhaftung, menschlich und literarisch.

Die Friedensbewegung, insbesondere in der DDR, konnte sich verbünden und verbinden – menschlich, gedanklich und politisch – mit kritischen Schriftstellern wie Stefan Heym, Franz Fühmann, Christa Wolf, Stephan Hermlin, Rolf Schneider und anderen.

Die ersten grenzüberschreitenden Debatten fanden auf Einladung von Stephan Hermlin und mit Genehmigung von Erich Honecker 1981 in Ost-Berlin statt.

Die Texte dieser Begegnung aber konnten wir Ostbürger uns nur aus den Rundfunksendungen des Westens auf Tonband aufnehmen, gemeinsam hören und dann abschreiben.

In der Interlit in Köln sprach Heinrich Böll 1982 über Feindbilder, vor allem darüber, wie die Sowjetunion die eigentliche Hauptbrutstätte des Antikommunismus werden konnte. Das sagte Böll als einer, der sich stets gegen antikommunistische Feindbilder in der BRD gewandt und Oppositionelle unterstützt und besucht hatte – dazu gehörten Solschenizyn, Kopelew, Sacharow und Wolf Biermann.

Alles Schreckliche und Entsetzliche, das im Namen des Kommunismus geschehen sei, sei möglicherweise aus anderen, aus rein machtpolitischen Intentionen geschehen. Das sei möglicherweise nur ein Vorwand, ein Vehikel für etwas, das eben deutlicher mit imperialistisch, feudalistisch bezeichnet wäre, sagte Böll 1982 auf der Interlit.[1]

Böll stellte die Grundfrage in einem globalisierten Kapitalismus schlechthin:

Wem gehört diese Erde eigentlich? Wenn sie geschaffen ist, für wen ist sie geschaffen? Ihre Oberfläche, auf der wir wohnen, ihre Krume, von der wir uns ernähren? Wem gehört, was unter ihrer Oberfläche an Werten zu finden ist, wem gehört die Kohle, das Öl, das Erz, das Gold, die Edelsteine? Wem gehört das Wasser, wem gehört das Wasser, das wir nicht mehr trinken können,

---

[1] Vgl. Bernt Engelmann u.a. (Hg.), Es geht, es geht..., München 1982, S. 19.

die Luft, die Erde? Wem gehört, was sich im Wasser be-
wegt und auf dem Meeresboden liegt? Wessen Eigentum
ist das? Für wen ist das bestimmt? Wäre es möglich (ich
erlaube mir eine, wie ich finde, nur scheinbar frivole
Spekulation), wäre es möglich, daß der Menschgewor-
dene und die, die ihn geboren hat, auch in diesem Rie-
senvehikel, in dem alle diese Kommunisten sitzen, ei-
nen Platz gefunden hätten? Ich frage nur.

Dieses Feindbild Kommunist zeichnet Menschen und
Bewegungen, zeichnet alle, die sich nicht mit den räu-
berischen Verhältnissen der Erde zufriedengeben, weil
die Erde und alles in ihr so vielen vorenthalten wird.
Dieses Feindbild lenkt ab von den tatsächlichen Gefah-
ren, die von Mächten drohen, deren einziger Kredit es
ist, nicht kommunistisch zu sein...[2]

In welcher Weise die Rüstung, zumal die gegenseitige
Hochrüstung, atomare Rüstung auch der gegenseitigen
Feindbilder bedarf, das wird 2018 in Zeiten von Putin,
Kim Jong Un und Trump bestürzend aktuell.

...und die Rüstung, wie sie uns versprochen wird, die
schon vorhanden ist, kann man ja wohl auch als Zu-
mutung bezeichnen. Sie ist – die Rüstung – unser aller
Feind, die internationale Rüstung, diese Absurdität in
Hochpotenz.

Sie braucht Feindbilder, die sie notfalls produziert
oder gar, indem sie zu Leichen gewordene Feindbilder
ausgräbt, makabre Wiedererweckung betreibt. Ich weiß
natürlich, daß es utopisch ist, sich vorzustellen, wir, die
wir schreiben, könnten ohne Bilder voneinander aus-

---

[2] A.a.O., S. 192f.

kommen, könnten ganz der Gefahr entgehen, irgendei-
ner Feindbildpropaganda als Arsenal zu dienen...«[3]

Böll ist zuerst Schriftsteller und als Schriftsteller ein homo
politicus.

Bereits in seinem »Bekenntnis zur Trümmerliteratur«
von 1952 erinnert sich Böll an die Zwischenkriegszeit.

...Schulkameraden bettelten mich in der Pause um ein
Stück Brot an; ihre Väter waren arbeitslos; Unruhen,
Streiks, rote Fahnen, wenn ich durch die am dichtesten
besiedelten Viertel Kölns mit dem Fahrrad zur Schule
fuhr; wieder einige Jahre später waren die Arbeitslosen
untergebracht, sie wurden Polizisten, Soldaten, Henker
– der Rest zog in die Konzentrationslager; die Statistik
stimmte, die Reichsmark floß in Strömen; bezahlt wur-
den die Rechnungen später, von uns, als wir inzwi-
schen Männer geworden, das Unheil zu entziffern ver-
suchten und die Formel nicht fanden; die Summe des
Leidens war zu groß für die wenigen, die eindeutig als
schuldig zu erkennen waren; es blieb ein Rest, der bis
heute nicht verteilt ist.[4]

Besser und bedrängender, verdichteter lässt es sich nicht
sagen, was zwischen den beiden Weltkriegen passierte
und zur sogenannten Machtergreifung führte. Das »Wozu?«
trieb ihn um, wurde ein Leitmotiv seines Schreibens.

Das ist Bölls auch ganz eigene Frage nach Schuld, nach
Sühne, nach der Vergangenheit und nach (Mit-)Verant-
wortung, auch für die Zukunft des menschlichen Ge-
schlechts. Sie ist von zwingender Aktualität.

---

[3] A.a.O., S. 193.
[4] Heinrich Böll, Erzählungen, Hörspiele, Aufsätze, Köln 1969, S. 33.

Böll lässt das Gefühl nicht los, dass es eine fatale historische Kontinuität gibt, trotz aller Brüche. Bedrohlich ist für ihn die Kontinuität der Verhaltensweisen: das vitale Gebaren der Erinnerungslosen, die verantwortungslos-zynische Gleichgültigkeit, dieses Sich-Abfinden bzw. das bedenkenlose Taktieren angesichts bedenklicher Ereignisse in der Gesellschaft und in der Politik.

Was er nicht aushalten kann, ist die Verlogenheit insbesondere seines sogenannten christlich-abendländischen Umfeldes.

Böll versteht es als Autor, die Fabel seiner Erzählungen jeweils auf den kürzesten Zeitraum zusammenzudrängen: Auf drei Tage in »Der Zug war pünktlich«, auf ein Wochenende in »Und sagte kein einziges Wort« und auf eine Woche in »Haus ohne Hüter« oder auf nur einen Tag in »Das Brot der frühen Jahre«. »Billard um halb zehn« ist auf die Dauer eines Tages, des 6. September 1958, zusammengedrängt. Ein durch und durch pazifistisches Buch. Böll war stets auf der Suche nach einer neuen Sinngebung des Lebens in der Welt zerstörter Bindungen und zertretener Werte. Ihn treibt das Dilemma um, wie man Christ sein kann und zugleich Künstler und doch nicht ein christlicher Künstler. Böll misst dem Wort eine verändernde und geschichtsbildende Kraft bei. Was Worte wirken können und wie er selbst mit Worten wirken könne, hat ihn lebenslang beschäftigt.

»Worte wirken…, können Kriege vorbereiten, ihn herbeiführen«, sie können trösten, Frieden stiften, »letzter Hort der Freiheit sein.« Die Kraft der Worte lässt Böll hoffen, dass er seinen Auftrag erfüllen werde – auch wenn die Worte dem, »der sie aussprach oder schrieb«, eine Verantwortung aufbürdeten, »deren volle Last er nur selten tragen kann«.

Wer mit Worten umgeht, der müsse wissen, dass Worte töten können, und es ist »einzig und allein eine Gewissensfrage«, ob man die Sprache in Bereiche entgleiten lässt, wo sie mörderisch wird. Die Würde des Menschen werde im Wort bewacht und verteidigt. Es gebe schreckliche Möglichkeiten,

den Menschen seiner Würde zu berauben: Prügel und Folter, den Weg in die Todesmühlen – aber als die schlimmste stelle ich mir jene vor, die sich wie eine schleichende Krankheit meines Geistes bemächtigen und mich zwingen würde, einen Satz zu sagen oder zu schreiben, der nicht vor jener Instanz bestehen könnte, die ich Ihnen nannte: dem Gewissen eines freien Schriftstellers ...

Diese Ehre, die ... mir als Institution: der des freien Schriftstellers, der nur in einer freien Gesellschaft möglich ist, die, sich des Wortes bedienend, ihr ihren Reichtum und ihre Armut zeigt. Nicht zu ihrer Unterhaltung da und nicht immer mit heiterem Ergebnis am Werk, kann sie nur bieten, was die Kunst ihr erlaubt; Trost, ein kostbares Ingredienz unseres Lebens, wird nie im Ausverkauf zu haben sein – genausowenig billig herzugeben wie Trostlosigkeit.[5]

Über allem steht bei Böll »die Sprache als Hort der Freiheit«.

Und er will nicht bloß gelesen, sondern auch möglichst von allen verstanden werden. Selbst von seinen Gegnern.

---

[5] Heinrich Böll, Erzählungen, Hörspiele, Aufsätze, Köln 1961, S. 440ff., zitierte Passage S. 443.

Lesen und schreiben
Eine Statue ist gefallen, ein großartiger Mensch geblieben:
Christa Wolf

Die Aufrichtende und Aufrichtige mutierte 1993 plötzlich
zur Zwielichtigen, die Mutige zur Ängstlichen, die Offene
zur Verschwiegenen, gar zur Verschweigenden?

Ein Steinchen reicht aus, herausgebrochen aus einer
Statue, die manche aus ihr gemacht hatten. Wollte sie je
eine Säulenheilige sein, eine Heldin für den Applaus
einer vorbildsüchtigen Öffentlichkeit? Freilich: Mancher
Ostdeutsche hat buchstäblich von Buch zu Buch gelebt.
Nicht westliche Formdebatten dominierten, sondern östliche Existenzfragen. Ihre Bücher waren Selbstverständi-
gungsversuch in einer Kollektivgesellschaft, Bewälti-
gungsversuche des nicht Bewältigbaren. »Prosa kann die
Grenzen unseres Wissens über uns selbst weiter hinaus-
schieben. Sie erhält die Erinnerung an eine Zukunft in uns
wach, von der wir uns bei Strafe unseres Untergangs nicht
lossagen dürfen. Sie unterstützt das Subjektwerden des
Menschen. Sie ist revolutionär und realistisch. Sie verführt
und ermutigt zum Unmöglichen.« Nachzulesen in »Lesen
und Schreiben« von 1972. Mit dieser Schriftstellerin waren
besonders wir »Ostler« auf der Suche nach der unmöglichen Freiheit mitten in einem Land, in dem man stets auf
Beton stieß. Das Tun bedenken, aber dann auch etwas
tun! Auf der Suche nach Utopia, »Kein Ort. Nirgends«, lässt
sie fragen, fragt sie selbst: »Merken wir nicht, wie die Taten derer, die das Handeln an sich reißen, immer unbe-
denklicher werden? Wie die Poesie der Tatenlosen den
Zwecken der Handelnden immer mehr entspricht? Müssen wir, die wir uns in keine praktische Tätigkeit schicken

können, nicht fürchten, zum weibischen Geschlecht der Lamentierenden zu werden, unfähig zu dem kleinsten Zugeständnis, das die alltäglichen Geschäfte einem jeden abverlangen...«[1] Tätig werden und dabei wir selber bleiben! In ihren Essays wie in der Prosa werden Ohnmacht und Scheitern beklagt, aber auch Widerständiges geweckt, Orientierendes gewagt. Welchen früh implantierten Mustern folgen wir, an denen ihre jeweiligen Kindheitsmuster immer neu sich zeigen. Den schmalen Weg der Vernunft sucht sie, tastend, beschwört ihn. Sie befördert auf eine dringliche, doch nicht bedrängende Weise bei vielen ihrer Leser den Entschluss, endlich mündig zu werden, endlich den Mund aufzumachen und tödliche Vereinfachungen abzubauen. Zugeständnisse machen, aber sich nicht gedankenlos anpassen – so wie Christa T. lieber scheitert, als sich einzupassen. Die »Kindheitsmuster« werden zum Schlüsselbuch auf der Grenze zwischen den Generationen. Sie wiederholte immer wieder, dass sie den Abstand brauchte, ehe sie schreiben, ehe sie sich erinnern konnte. So heißt es 1976: »In die Erinnerung drängt sich die Gegenwart ein, und der heutige Tag ist schon der letzte Tag der Vergangenheit. So würden wir uns unaufhaltsam fremd werden ohne unser Gedächtnis an das, was wir getan haben, an das, was uns zugestoßen ist. Ohne unser Gedächtnis an uns selbst.«

Christa Wolf stellt sich ihrer Kindheit im Umfeld des von einer großen Mehrheit der Deutschen bejahten Faschismus und räumt auf mit der Mär von den vielen Antifaschisten. Und es wird unmöglich, von ihr in der Vergangenheitssprache zu sprechen – so lebendig und so dringlich ist das, was sie zu sagen hat. Heute. Hier. Mir.

---

[1] Christa Wolf, Kein Ort. Nirgends, Berlin 1979, S. 143.

Sie zeigt, wie ihr Weg in die sozialistische Gesellschaft geradezu ein Versuch von Wiedergutmachung war. Sie erinnert und hilft erinnern, auch an Versäumtes, Durchlittenes, nicht mehr gut zu Machendes…»Die Wahrheit über sich selbst nicht wissen zu wollen, behauptet der Pole Brandys, sei der zeitgenössische Zustand der Sünde; solche Aussagen, die genauso viel über ihren Autor wie über ihren Gegenstand verraten, sind nicht überprüfbar, auch nicht widerlegbar. Sie leuchten dir ein; was nicht bedeutet, jene ›Erlösung durch Selbstbewusstsein‹, die er anstrebt, müsse gelingen, und man werde sich der Demaskierung durch die Wirklichkeit gewachsen zeigen.« Doch Maskierung hilft weiterzuleben, wird zu Schutz, sich nicht in Selbstanklage zu zerrütten, zugleich sich der Demaskierung gewachsen zu zeigen. Der »Störfall« wird die angst-hastige Auseinandersetzung mit den Nach-Tschernobyl-Tabus. Ihr gelingt es, das ganz Aktuelle mit dem ganz Grundsätzlichen zu verbinden. Immer wieder geht es ihr um Erinnerung als Ferment von Zukunft. Pathetisch nennen superkluge Kritiker ihre einfachen Fragen. »Erinnerung prägt unser Sehnsuchtsbild von der Zukunft — aber ist sie denn real, diese Zukunftserinnerung? Werden die fünf oder sechs Milliarden Lebewesen, die um das mysteriöse Jahr 2000 herum aller Wahrscheinlichkeit nach die Menschheit repräsentieren werden, Lebensformen finden können, auf die das altmodische Wort ›brüderlich‹ passt?«

»Kassandra« samt ihren Vorlesungen dazu sind östlicherseits von Auflage zu Auflage Bückware. Sie wird nolens volens zur Sprecherin der Friedens- und Emanzipationsbewegung in Ost und West und weiß doch: »Gegen eine Zeit, die Helden braucht, richten wir nichts aus, das wußtest du so gut wie ich.« Dennoch hat sie verstärkt das

Gefühl, gebraucht zu werden. Sie will »die blinden Flecken« verkleinern, aufhellen, Macht-Mechanismen aufdecken. Ein Interview in der »Wochenpost« wird zur Sensation und bringt die Redakteurinnen in Bedrängnis. Die Frisch-, die Bachmann-, die Büchnerrede und am Schluss dann die Hildesheimrede wirken prägend. Immer wieder spricht sie aus, was unsagbar schien, aber von vielen gedacht wird. Sie wird zur Vordenkerin, zur Sprachgeberin, zur Orientierungsperson. Vor allem: sie *bleibt* und fragt nicht nur, *was* bleibt. Die Semesterprogramme der Studentengemeinden, Akademietagungen und Gesprächskreise überall im Land nehmen das, was sie aufs Papier bringt, in ihr Gespräch, suchen und finden Weiterführendes, Tieferrührendes, Sinnstiftendes, auch wenn darüber ein leicht Depressives spürbar wird. Sie aber scheut Öffentlichkeit, mehr noch lauten Applaus. Vom Podium des 4. November 1989 am Alex tritt sie ab – und sie befällt eine Herzattacke. Ein Jahr später, am 4. November 1990, will sie nicht auf die Bühne, wird gebettelt, ja gedrängt, soll doch bitte reden. Die meist jungen Leute im »Haus der Jungen Talente« wollen sie sehen, weil sie sich von ihr verstanden und vertreten fühlen. Sie tritt schließlich auf die Bühne, spricht sich frei und findet das treffende Wort.

Und nun kam »aus heiterem Himmel« die Enthüllung einer kurzzeitigen Willfährigkeit gegenüber dem gefürchteten, allmächtigen Geheimdienstapparat. 1959! »Enttarnt« erscheint sie, entthront ist sie, Verwirrung und Enttäuschung kommt auf. Warum machen oder brauchen wir immer wieder solche Illusion von Unangreifbarkeit mit Untadeligkeit, um dann enttäuscht zu sein? (Längst kamen andere Symbolfiguren ins Zwielicht: die litauische Politikerin Kazimiera Prunskiene oder der polnische Arbeiterführer Lech Walesa. Selbst Vaclav Havel blieb von Verdächtigungen nicht verschont. Auch mir hat das einen Stich versetzt, als ich ein Schriftstück sah, das mit »Margarete« unterschrieben war, hörte, dass sie das vergessen hatte und dass sie sich dazu je bereitgefunden haben könnte. Und ich weiß doch auch noch, wie das damals war, ohne je ein »Überzeugter« gewesen zu sein. In meiner Schule war ich der einzige ohne Blauhemd, vielfach ausgegrenzt wegen meiner Herkunft, begegnete ich durchaus einer großen Mehrheit von Überzeugungstätern der sozialistischen Umgestaltung der Welt und aller gesellschaftlichen Verhältnisse. Doch jetzt erst weiß ich und können wir alle wissen, was das für ein perfides System war, das solcher Methoden bedurfte, dumpf-brutal *und* diabolisch-subtil. Die Rechtfertigung bezogen alle staatlichen Maßnahmen aus dem großen Ziel, aus den Kämpfen und Widersprüchen der Zeit, aus der ideologischen Prinzipienfestigkeit und aus der Parteilichkeit der Wahrheit. Wer daran glaubte, der machte beinahe alles mit. Unter dem Diktat der Machtfrage, der Wachsamkeit gegenüber dem Feind und dem Vertrauen in die Weisheit der Partei lebten die Bürger aller Schichten und Altersgruppen »mit Bewusstsein«. Wer zusätzlich eine zum Schuldbewusstsein tendierende Gewissenhaftigkeit pflegte wie die Redakteurin Christa Wolf, der war benutzbar, wenn man einen disziplinierenden, einen angsteinflößenden Aufhänger fand oder einfach an das Parteibewusstsein und Parteitreue appellierte. Sie war schon dreißig, als sie sich dazu hergab, (insgesamt nichtssagende) Berichte zu schreiben, aber immerhin: Sie schrieb Berichte für diese undurchsichtigen Herren. Indes: es war schon 1959, als sie einen Bruch vollzog mit einem ideologischen Machtapparat, der eine große Idee pervertierte, an die sie weiter glaubten, für die sie weiter wirken wollte; dass Menschen miteinander menschlicher und ge-

rechter umgehen, dass sie Subjekte werden. Mit dem Gewissen einer längst Gewandelten erlebte sie an sich selbst
genau das, was man in den Psychologielehrbüchern nachlesen kann: wie Verdrängung funktioniert. Die Aufregung
und die Aufmerksamkeit in der deutschen Medienland-
schaft hat etwas Bigottes.

Die Relationen kommen durcheinander. Robert Havemann war im Kalten Krieg einer der intellektuellen kalten
Krieger, ehe er 1964 zur Besinnung kam. Wer von denen,
die nach 1976 scharenweise weggegangen ist, war zuvor
nicht »überzeugt« und »organisiert« gewesen? Der dem Na-
ziterror im Warschauer Ghetto nur knapp entronnene
Marcel Reich-Ranicki oder der in Brandenburg inhaftierte
Robert Havemann waren nach ihrer Befreiung in den bald
beginnenden Kalten Krieg eingebunden und hatten sich
kommunistischen Sicherheitsdiensten dienstbar gemacht.
Sie ließen ab vom »verführten Denken« (Czeslaw Milosz)
und wurden engagierte Anwälte des freien Denkens. Sie
wurden nicht mit hohem publizistischem Aufwand de-
montiert, gerade weil sie sich gewandelt hatten und nicht
verschwiegen, worin die Brüche ihres Lebens bestanden
hatten. Mit der »Demontage« Christa Wolfs war aber nicht
nur sie selbst gemeint gewesen, sondern auch alle, die
trotz tiefer Widersprüche und bitterer Erfahrungen grundsätzlich am »Projekt Sozialismus« festgehalten hatten.

Die DDR war ein durch und durch widersprüchliches,
den eigenen Ideen und Gründungsmythen beständig
widersprechendes Land. Die politische Strafgesetzgebung
und die Behandlung politischer Häftlinge – zumal einiger
ehemaliger Genossen – gehören zu den dunkelsten Kapi-
teln dieses gesellschaftlichen Großversuchs, der im Zwei-
felsfalle immer die schmutzige Macht vor die Reinheit der
Idee zu setzen bereit war.

Wolfs Lehrer Hans Mayer, eine von den aus der DDR verjagten Persönlichkeiten, schrieb 1991 in seinem Buch »Der Turm von Babel«:

»Die Deutsche Demokratische Republik war stets eine deutsche Wunde. Sie wird es bleiben und nicht heilen, solange man nicht erkennt, daß hier eine deutsche Möglichkeit zugrunde ging. Vielleicht gar verspielt wurde.«[2]

Es geht nicht um irgendeine Gegendenunziation, auch nicht um Rechtfertigung, um Verkleinern oder Wegwischen. Zu verschweigen ist nicht das Erschrockensein darüber, wie Vergessen funktioniert hat bei einer Frau, die so viel und so vielen erinnern half. Was Verdrängung ist, das wussten wir längst aus der gängigen Psychologie. Dass sie nun in einem Menschen, der von vielen verehrt wurde, öffentlich wurde, das schmerzt. Aber ernüchtert diese Erkenntnis nicht gerade dazu, aus einem untadeligen Idol wieder einen fehlbaren Menschen werden zu lassen? Und leben wir alle nicht von diversen gelungenen Verdrängungen, weil wir vieles (an uns) gar nicht anders aushalten würden? Wenn ich dies frage, dann ist das für mich mehr und anderes als eine fromme Floskel. Wir leben und wachsen – oder wir zerbrechen an unseren Widersprüchen. Wer charakterlich so verpackt und geprägt war wie Christa Wolf, musste »damals« viel verdrängen, um noch an »das Bessere« des Sozialismus glauben zu können. Sie hat dann sich – und durch ihr Schreiben viele andere auch – von Verblendungen freigemacht. Doch wie viel Zeit braucht Erinnerung, um sich der ganzen Wirklichkeit zu stellen, wie viel (nötiges) Vergessen zwischendrin, um dann in geläuterte Erinnerung einzugehen?

---

[2] Hans Mayer, Der Turm von Babel. Erinnerung an eine Deutsche Demokratische Republik, Suhrkamp Verlag Frankfurt, 1991, S. 258.

»Christa Wolf« – das ist in den letzten dreißig Jahren für Ostdeutsche viel mehr als ein Name in den Kritiken der Feuilletons bzw. der selbst den Geist vermarktenden, alles skandalisierenden Öffentlichkeit. »Margarete«, das wurde der Stempel, den dieses System auch auf sie drückte. »Die Wolf, Christa«, ist die Frau, die unser beschattetes Dasein mit uns geteilt hat, die nicht aufgab und die dieses Land nicht aufgab.

Sie blieb. Sie rieb sich. Sie wagte. Sie half. Sie wurde eine Stütze. Der Schatten, der auf sie gefallen ist, ist nicht harmlos, aber die Relationen dürfen nicht verlorengehen. Sie hat sich zusammen mit Gerhard Wolf und anderen aus solcher Umklammerung und aus solchem Denken befreit. Sie hat mit ihrer Sprachbegabung anderen Menschen zu sprechen geholfen und sie freier gemacht. Wir werden sie weiter brauchen, da es jetzt nicht mehr nur um den »geteilten Himmel« geht, sondern um den Himmel, der zu zerreißen droht, und um die Erde, die zum Schlund wird.

Das »Nachdenken über Christa T.« (aus dem hoffnungszerrüttenden und aufrührenden Jahr 1968) wurde ein Nachdenken über uns selbst.

Sie blieb *sie* – und sie blieb, wie man so sagt »produktiv«. Mit »Tabu« und »Medea« regte sie wieder viele Diskussionen an, brachte Menschen ins intensive Gespräch miteinander – und auch medial. Und alles mündete in den beständigen Versuch, zu verstehen, was mit ihr in dieser Welt-Zeit geschehen war.

»Allmählich aber lagert sich die Täuschung über die Gewissheit, und wir alle tun unser Bestes, die Täuschung in ihr und in uns zu nähren. Und das würden wir wieder tun, wenn Täuschung ein anderes Wort für Hoffnung ist. Merkwürdigerweise müssen wir nicht glauben, was wir wissen.« Das Abnehmen ihrer Hoffnungen ließ sie indes nicht die Hoffnung aufgeben. Schreiben war für sie immer neben dem Protest ein Lebens-Mittel gegen die Resignation – in Liebe zum Leben und zu ihren Lieben.

Ihr treuer, ihr herzlich zugewandter Freund Lew Kopelew urteilte: »In ihren Verirrungen war sie eine von vielen; in ihrem stillen Widerstand, in ihren Hoffnungen und Träumen war sie eine von wenigen; aber in ihrer Dichtung war sie einzigartig.«[3]

---

[3] In: Sehnsucht nach Menschlichkeit, Christa Wolf, Lew Kopelew, Steidl Verlag Göttingen, 2017, S. 274.

Der Biss der Erkenntnis
Erich Loest

Wer die DDR »mitgemacht« hat und nur die ersten 30 Seitendes Romans »Es geht seinen Gang« von Erich Loest (1977) erneut liest, dem kommt alles wieder hoch, was man beklemmendes Klima der Honecker-Ära nennen kann. Wer damals in Dortmund oder Stuttgart lebte, versteht knapp die Hälfte, aber immer noch mehr als aus jeder wissenschaftlichen Untersuchung oder gar aus Schriften und Akten aus dem Rückblick auf 40 Jahre Stasiismus. Mit jenem Buch können wir uns im vereinten Deutschland unsere Prägungen aus der Trennungszeit erklärbar machen. Zudem wird einfühlbar, warum die Leute in Sachsen 1989 die Schnauze voll hatten, nun aber nicht mehr rauswollten, sondern den Mächtigen selbstbewusst drohten, dass sie »hier bleiben«, aber dafür sorgen würden, dass es nicht so bleibt, und dass sie bereit seien, *alles* zu riskieren. Da war aus Wut Mut geworden. Hoffnung und Widerstand von Verzweifelten und Ausgebrannten!

»Bestimmt gibt's Hemus. Oder Natalie. Wirst sehen.« Wer weiß noch, was Mitte der Siebziger »Hemus« oder »Natalie« bedeutete? Und wer würde heute noch Hemus oder Natalie anrühren? Später gab es noch den »Grauen Mönch« und den »Lindenblättrigen« als trinkbare Weißweine sowie den »Cabernet« als annehmbaren Rotwein. Das war's dann auch, was die Sonne des Südens uns brachte.

Diese ganze spießige Sprelacart-Schrankwandidylle in der muffigen »Beziehungskiste DDR« beschreibt Loest so nüchtern wie humorig, als ob es keine Zensur gäbe. Das Buch nahm alle Hürden der Zensur, nachdem die Selbstzensur abgestreift worden war. Trotzdem – oder gerade deswegen – bleibt etwas Bedrückendes im Geknäuel der Dreiecksbeziehungen, Auspuffbeziehungen, Westbeziehungen, Parteibeziehungen... Alles hielt letztlich die Stasi zusammen, indem sie Beziehungen beobachtete, herstellte, zerstörte, dokumentierte und dafür ganz eigene »vertrauensvolle« Beziehungen mit »ehrlichen IM« herstellte. Kein Wort wurde in der DDR so missbraucht wie das Wort Vertrauen und das Wort Ehrlichkeit, nicht einmal der Frieden und die Solidarität.

Den umfassenden, auch persönlich durchlittenen Widerspruch einer geradezu ruinösen Partei-Plan-Posse hat Loest in zehn Zeilen verdichtet. Zwei Genossen stellen sich nach der obligatorischen Versammlung, »Spinnstunde« genannt, der ökonomischen Realität und dem ganzen Jammer der strukturellen Verlogenheit des Systems. In »organisierter Verantwortungslosigkeit« (Rudolf Bahro) funktionierte die DDR, weil sich in Deutschland immer wieder beflissene Funktionäre fanden. »Haupttechnologe und Abteilungsleiter schrien gegen das Geschick aller Leiter an, in eine feste Richtung unter strahlender Sonne mit markantem Ziel marschiert zu sein, um plötzlich eine Schwenkung vollziehen zu müssen. Und der Horizont war dunkel und die Straße schlaglöchrig, und der Wind wehte aus einer widrigen Richtung, sie mußten alles vergessen, was vor Minuten gegolten hatte, denn es war ein alter Hut – vorwärts Genossen, oh du verfluchte große Scheiße.« Die Lebenstragik des Abteilungsleiters verdichtet sich in dem Resümee: Er hat »gewühlt für Auto und Familie, Quartalsprämie und Wanderfahne und den Sieg des Sozialismus durch Arbeitsproduktivität; der Mensch hält eben nur eine ganz bestimmte Menge aus.« (Die Abteilungsleiter leben noch unter uns und haben den Sprung in die effiziente Ellbogengesellschaft geschafft, suchen alte Nestwärme in postsozialistischen Nostalgievereinen oder driften ins Neonationalistische und Fremdenfeindliche ab.)

1978, genau zehn Jahre nach Prag, raschelte es in der DDR. Bahro veröffentlichte im Westen seine »Alternative« und gab dem ZDF und dem SPIEGEL Interviews. Was abends im Westfernsehen gekommen war, wurde morgens überall das Tagesgespräch. Nichts fürchteten die furchtsamen Machthaber mehr denn ansteckenden Mut einzelner. Wir hofften, in der DDR käme die Veränderung endlich aus dem Apparat selbst. Die Abweichung wurde indes mit denselben Methoden quittiert, mit denen man bereits 1956 gegen Loest, Harich und Janka vorgegangen war: Gefängnis für abweichende Gedanken. Seit Prag 1968 hatte Honecker, der damalig für Sicherheitsfragen zuständige Sekretär, die strikte Abgrenzungsparole ausgegeben. Scharfe Konfrontation der alleinigen Partei-Wahrheit mit jeder »Konvergenz«-Theorie!

Erich Loest war nach sieben Jahren Haft in der DDR geblieben. Spätere politische Häftlinge wurden fast ausnahmslos in den Westen abgeschoben, nein: rausgekauft. Missliebige Bürger gegen Bananen zum Mundstopfen und für die Kosten der »unsichtbaren Front« weltweit!

Erich Loest hatte den unverwechselbar brummigen Humor eines Leipzigers behalten. Er erzählt Geschichten, wie sie an jeder Straßenecke vorkommen. Alltagsgeschichten – in präziser Beschreibung – als unabweisbarer Aufruf an den Leser: »So kann es doch nicht weitergehen!« Denn so war es doch nicht gemeint, als eine grundlegend neue Gesellschaft aufgebaut werden sollte. Loest versteht es, die Dinge beim Namen zu nennen, und das in einer Sprache, die jeder verstehen kann, ohne anbiedernde Plattheiten oder vordergründige Effekte.

Wer die verloschene DDR verstehen will, muss sich nur den ersten und den letzten Satz seines Romans, der Breiten- und Tiefenwirkung hatte, von einem Ostbürger erklären lassen: »Bestimmt gibt's Hemus. Oder Natalie. Wirst sehen.« – »Das Radiolämpchen schwamm im Hemus. – Ich dachte: In wie vielen Wohnungen glüht jetzt in der Schrankwand ein Lämpchen?«

Vielleicht gehört es zur List der Wahrheit, dass sein Buch überhaupt in der DDR erschien, um sogleich nach seinem Erscheinen für großen Wirbel zu sorgen, was natürlich die denkbar effektivste Werbung darstellte, allerdings ohne dass der Mitteldeutsche Verlag daraus wirtschaftlichen Vorteil durch vermehrten Druck hätte erzielen können. Papierkontingente erschöpft, hieß es dann.

Ausgerechnet aus dem DDR-Künstler-Paradies Ahrenshoop regte sich Widerstand. Wolfgang Schreyer schrieb am 20. Juli 1978 an den Verlagsleiter Dr. Günther: »Die Motive des Eingriffs liegen bei Loest auf der Hand: Sorgen zum Komplex Jugend, Staat, Disziplin und innere Sicherheit. Das gespannte Verhältnis eines Teils der Jugendlichen zu bestimmten Seiten unseres Staates und seinen Ordnungskräften ist nicht erst seit Wittenberge und Erfurt bekannt. Wer freilich meint, dass es grundsätzlich besser unerörtert, unreflektiert bleiben sollte, der schadet (in der ehrenhaften Absicht zu nützen) tatsächlich selbst unserer Sache. Gerade Loests Buch leistet einiges in puncto differenzierter Betrachtung und Verarbeitung dieser und weiterer ernstzunehmender Konflikte.«

Doch der Mauerarchitekt Honecker und seine selbstgefälligen Vasallen mauerten. Ob sie die »Mühen der Ebenen« wenigstens gelegentlich lesend wahrnahmen? Oder begnügten sie sich mit den Denunziationen ihrer Zensoren?

Ein im Prinzip gutwilliger Werktätiger will gradlinig bleiben; seine »emanzipierte« Frau will, dass aus ihm etwas Vorzeigbares wird. Er aber leistet sich gar Mitgefühl mit alltäglich Geschundenen. (Die Quälszenen aus dem Schwimmbad gehen mir nie mehr aus dem Sinn.) Da will diese Frau gern, dass ihr Mann ein Mann ist, und er will die ihm angebotene Macht nicht haben, will niemandem befehlen müssen, ja er hat angesichts seiner Zusammenstöße mit der Macht Angst davor, selber »Macht zu besitzen«. Wie ermutigend ist es, wenn in einem gleichmacherischen Kollektivstaat, wo Angst und Überzeugung miteinander verrührt wurden, der Anti-Held sagt: »Wenn einem Soldaten sechs Stunden vor der Entlassung die Haare geschnitten werden, will ich lieber der sein, der den Kopf hinhält, als der, der den Befehl dazu gibt.«

Da entscheidet sich einer, unten zu bleiben, weil er sich oben gewissenlos verhalten müsste. Nach der von den Wendigen so genannten Wende sind Karriereantriebe nicht nur geblieben, sondern steigern sich mit der Attraktivität der ökonomischen Anreize und werden nun auch durchaus als Imponiergehabe zwischen den Geschlechtern – medienverstärkt – eingesetzt. Die Dehnbarkeit des Gewissens und des Rückens wird weiterhin arg strapaziert. Doch die individuellen Entzugsmöglichkeiten sind in heutiger pluralistischer Gesellschaft größer, weil man nicht am Nasenring einer Allmachtspartie laufen muss. Aber wirklich entziehen kann sich nur, wer sich das sozial leisten kann!

Was ein angetrunken-nächtlich-einsamer Monolog eines mit Eheproblemen beladenen Werktätigen vor dem mutmaßlichen Haus des allzuständigen Ersten Bezirkssekretärs gewesen war, wurde im Herbst 1989 hunderttausendfacher Ruf nach Ablösung dieser allzuständigen Partei, die sich in alle Dinge aller Bürger einmischte und gleichzeitig parteilinientreu-schöpferisch-gehorsam verhinderte, dass »unsere Bürger« sich in ihre inneren Angelegenheiten selbständig einmischten. Die Vormundschaftspartei produzierte massenhafte Unmündigkeit, nachplappernde, nachlaufende, winkende, marschierende Volksmassen.

Eine Partei, die den Staat abschaffen wollte, hatte sich »vorübergehende« vierzig Jahre Allmacht über die ganze Gesellschaft angemaßt. Sie wurde 1989 in Feierabendsprechchören, von Rostock bis Suhl, wenn nicht zum Teufel, so doch von ihren Podesten und (Jagd-)Posten gejagt. Sie blieb in einem revolutionär-demokratischen Aufbruchprozess auf wundersame Weise verschont. Sie wollte die Gewaltlosigkeit ihres Abdankens mit verklärender Vergesslichkeit und (Haft-)Verschonung für alles Gewesene bedankt wissen. Die Mehrheit der Ostdeutschen, die, ihrer überdrüssig, endlich aufsässig geworden war, machte sie überflüssig, bis viele Langzeitgeschädigte deren populistische Münchhausenartisten in ostalgischer Anhänglichkeit demokratisch wählten.

Vierzig Jahre Fürsorgestaat haben ein tiefsitzendes Bevaterungsbedürfnis hinterlassen. Das trägt infantil-illusionäre Geborgenheitssehnsüchte in sich. Im Zweifel gegen die Freiheit, für die große, strenge, Wohltaten verteilende Amme Staat! Der Gerechtigkeitspopulismus richtet sich gegen den allfälligen Gruppenegoismus unserer Zwei-Drittel-Gesellschaft mit ihren FNL, den sogenannten fünf neuen Löchern, in denen mühsam erworbenes Westgeld »undankbar« entschwindet... Die einen verschweigen, wie kaputt und bankrott alles gewesen war, die anderen vertuschen das, was nach 1989 kaputtgemacht wurde und welche Bankrotte gewollt wurden. Die jetzige LINKE und verwandte Milieus im gewendeten Tuch und gewechselten Sprüchen beanspruchten und okkupierten selbstgerecht und schamlos gewiss nötige Kritik an jetzigen Ungerechtigkeiten und Ungleichgewichten. Einige Zuchtmeister der roten Diktatur spielten sich als Lehrmeister der parlamentarischen Demokratie mit altbekannter Penetranz auf. Und in der AfD sammelt sich lautstark Rechtspopulistisches und Ausländerfeindliches, sich manche Erniedrigung und Abwertung zunutze machend.

Ist vergessen, dass eine Gesellschaft, die es sich zum ideologischen und bald praktisch erreichbaren Ziel gesetzt hatte, die Ausbeutung des Menschen durch den Menschen endgültig abzuschaffen, der Hundestaffeln bedurfte, um junge Leute davon abzuhalten, am Leuschnerplatz ein nicht genehmigtes (Phantom-)Konzert zu hören? Der »Hundebiss vom Leuschnerplatz« wurde zum geflügelten Wort wie der Buchtitel selbst. »Vor der Schlacht auf dem Leuschnerplatz« war »die Welt sauber eingeteilt. Der Feind stand im Westen... Kiesinger war Faschist. Nun biss mich einer unserer Hunde, der eigentlich hatte einen Ami beißen sollen...«

Keinem, der in der DDR gelebt und den Mut gefunden hatte, sich einmal öffentlich kritisch seines eigenen Verstandes ohne Anleitung der Partei zu bedienen, blieb ein »Biss in den Hintern« erspart. Aber der »historischen Wahrheit« sei es geklagt, dass sich manche ihres Lebens in der DDR nur noch angesichts von Hunden erinnern und jeden kleinen Piekser zur reißenden Wunde hochstilisieren und nicht merken, wie sehr sie unter den Bedingungen der Freiheit einigen Verhaltensweisen ihrer überwundenen Gegner folgen, indem sie z. B. das Prinzip der Unversöhnlichkeit durchhalten – als ob sie nicht wüssten, dass gerade »Versöhnlertum« zu den Delikten gehörte, die den Parteigenossen vorgeworfen wurden, die von alltäglicher, praktischer Humanität angekränkelt waren, statt dem verordneten, unverrückbaren Feindbild zu folgen. Sollte das jetzt vergessen sein, damit man Ähnliches selber auf abgeschwächte, aber doch verbissene Weise wiederholt?

Der sozialistische Antiheld von Erich Loest mit seiner forschen Frau Jutta, die offenbar am liebsten einen Kampfgruppen-Sportlehrer-Professor zum Mann gehabt hätte, lebt in allen Widersprüchen das vor, was am nötigsten war und bleibt: menschliches Mitgefühl und der Mut, denen zu widerstehen, die befehlsmäßig mit Lust Menschen quälen. Faschismus beginnt immer in der Art, in der die Großen sadistisch mit Kleinen, mit Schwachen, mit Fremden umgehen, wie der brutale Schwimmlehrer, aber auch die vor Ehrgeiz strotzenden Eltern, die ihre Kinder zu Wunderkindern hochpeitschen wollten, in einem stolzen Land, das schließlich beim olympischen Sport auf Platz Nummer 3 der Welt gestanden hatte. Die DDR war in drei Bereichen Spitze: Im Spitzensport und im Spitzelsport, verbunden mit der Fähigkeit, das dem Westen geheim zu halten, was für jeden vor Augen lag, der sehen *wollte*: Dass dieses SED-System weder überlebensfähig noch überlebenswürdig war. Die SED hat die emanzipatorische Idee des Sozialismus auf dem Gewissen. Was die neue Rechte in Gestalt von PEGIDA und AfD an Aushöhlung der freiheitlich-liberal-sozialen Demokratie betreibt und aktiv Verhetzung betreibt, bedarf des entschlossenen Widerstandes von Demokraten, denen das Grundgesetz ein hohes Gut ist und bleibt. Dabei ist zugleich nicht zu übersehen und zu übergehen, welche Politik zu welchen Stimmungen »gegen die da oben« geführt hat. Aber »Nie wieder Nationalismus« heißt auch, soziale Ungleichgewichte und Minderwertung der Ostdeutschen zu überwinden. Nur nicht auf dem Rücken der Flüchtlinge. Deren Integration wird in Zeiten der Globalisierung eine Jahrhundertaufgabe, ein Gradmesser dafür, welchen Stellenwert Menschenrechte künftig haben. Wenn alle Völker, jedes für sich, sagen »Wir zuerst«, ginge unsere Weltordnung gänzlich vor die Hunde.

Erich Loest gehörte im buchstäblichen Sinne zu denen, die das Land ganz von innen, aus seinen innersten Verliesen kennenlernen mussten. Seine Erfahrungen hatten in ihm auch Bitternis hinterlassen. Er hatte nach dem (für uns Dableiber schmerzlichen) Weggang die DDR von außen mit seinen präzisen und differenzierenden Kommentaren (im DLF) erklärbar gemacht. So hatte er vor 1989 viel zur Verständigung zwischen den vierzig Jahre getrennten Deutschen beigetragen. Diese Aufgabe wird vielleicht noch zwanzig Jahre andauern.

Erich Loest war 1990 nach Leipzig zurückgekehrt. Im Herbst 1989 hat er uns gefehlt. Dass er nicht da war, merkt man seinem Roman »Nikolaikirche« an. Er ist einer der Unbestechlichen, ein stets wiedererkennbarer Vermittler geblieben, wo das künstlich Auseinandergerissene zu eilig zusammengefügt wurde, aber nicht so schnell wieder zusammenwachsen kann. Durch unsere Erde ein Riss.

Wer täglich Hesse liest

Wer einmal für einige Wochen täglich Hesse liest, den überkommt ein seltsam wohliges Gefühl: eine Stimmung des Einsseins mit der Welt, eine getröstete Melancholie, eine Heiterkeit, die die Wehmut nicht verleugnet, ein Wahrheitspathos, das Entschiedenheit mit Toleranz verbindet.

Die Wahrheitssuche der je anderen wird von Hesse anerkannt. Er steht dem Weltgeheimnis als ein Staunender und Ehrfurchtsvoller gegenüber. Zugleich ist Hesse in unserem »feuilletonistischen Zeitalter« kein Postmoderner, dem alles gleich-gültig wäre. Sicher würde er den heutigen selbstverachtetenden Weltverächtern oder den weltverachtenden Selbstverächtern als eines jener zum Abschuss freigegebenen Exemplare des »Gutmenschen« gelten – ausgesprochenes Urteil von Menschen, die nicht wahrnehmen *wollen* oder nicht mehr wahrnehmen *können*, was sie da zu lesen bekommen, nichts verstehen, aber *über* allem stehen wollen, die über alles und alle eine gelungene – meist abschätzige! – Formulierung, aber keine eigene Meinung haben, schon gar nicht eine Entscheidung. Nahezu alles bringen sie unter Ideologieverdacht, was nur nach klarer Position oder gar nach einer »Humanitätsutopie« aussieht. Hesse fordert zu eigener Position heraus, aber er schreibt keine vor.

Hermann Hesse hat – ganz anders als Gottfried Benn – die Einsamkeit und die Vergänglichkeit durchdekliniert. Er weiß allem etwas Tröstliches abzugewinnen, weil er etwas Heiles in aller Zerrissenheit spürt, weiß, glaubt, hofft. Und er wusste und durchlitt von Anfang bis Ende seines Lebens, dass wahrhaftige Erkenntnis immer die Sache von wenigen ist und dass vor allem der richtige Zeitpunkt von wenigen erfasst und gewagt wird, an dem eine Wahrheit auszusprechen ist. Er gehörte zu den wenigen Deutschen, die sich dem national-chauvinistischen Rausch der August-Tage 1914 nicht anschlossen. Er hat später den inneren Zusammenhang zwischen 1914 und 1933/1939 erkannt, jene innere Zerstörung der ersten deutschen Demokratie beklagt und alle Versuche der Kriegsrechtfertigung nach 1918 und nach 1945 in aller Klarheit, aber ohne eine radikal-linke Bissigkeit durchschaut.

Nie hat er das Christliche geleugnet. Immer hat er die Enge des Konfessionellen beklagt. Stets hat er das *Eine* in dem *Vielen* gesucht und gefunden. Gott ist größer als all unser Erkennen und Aussprechen. Das Geheimnis der Welt sucht (und findet!) er in allen Kulturen und Ausdrucksformen. Dem nahe zu kommen, hat er sich den Wahrheiten der anderen nicht nur nicht verschlossen, sondern produktiv geöffnet, ohne damit zu einer Patchwork-Religion zu kommen, die alles mit allem zusammennäht und das dann als Kunstwerk des Geistes auslegt.

Wenn man es in den Kategorien der christlichen Theologie ausdrücken wollte, so war Hesse ein Theologe des ersten Artikels, der Gott, dem Schöpfer, staunend, ehrfürchtig, begeistert »die Ehre zu geben« suchte. Er ist der Dichter der Tages- und Jahreszeiten, der Bäume und Büsche, der Blumen und Felder – nirgendwann bemüht, einer literarischen Mode zu folgen, recht »traditionell«, sowie man bedenkt, welche andere Formensprache zeitgleich die Lyrik bei einem Georg Trakl oder Georg Heym gewählt hatte.

In seinen Gedichten reflektiert er unablässig die Möglichkeit des Menschen zum Guten *und* zum Bösen, über das Tierische *und* das Göttliche in ihm. Er setzt auf die positiven Möglichkeiten, ohne die negativen zu verleugnen.

Hesse kann ungewohnt scharf werden, wenn er diejenigen Gorillas nennt, die einen weiten Weg zum Menschen hin vor sich haben, die »Menschheitsgedanken für Humanitätsduselei, Zukunftsforderungen für Literatur, Menschheitserwägung für Geschwätz« halten.

Hesses Prinzip könnte man umschreiben mit: in dubio pro spe, im Zweifel für die Hoffnung, dass es Fortschritte für die Menschheit gibt. Da setzt Hesse immer auf den Einzelnen. Immer ist es nur »eine Minderheit von Wohlmeinenden«, von »Gläubigen der Zukunft«.

Hesse ist kein Phantast. Er weiß, dass die Entwicklung vom Gorilla zum Kulturwesen lang ist und langsam ihren Weg geht. Der Mensch ist und bleibt ein gefährdetes Wesen, bei dem immer wieder »zähnefletschende Atavismen zu Tage treten«. Und alles scheinbar für immer Erreichte wird wieder und wieder hinfällig. So ist etwa der Nationalismus europaweit wieder da und reaktiviert alte Ängste.

Immer wieder gab es in der Gehorsamswelt Menschen, die sich standhaft der Pflicht zum Morden im Dienste ihrer jeweiligen Vaterländer oder ihrer Ideen verweigert haben, die sich dem Hass nicht anschlossen, die sich haben dafür verfolgen, quälen und einsperren lassen.

Hesse resümiert im Jahre 1919: »Um diese Menschen und Taten schätzen zu können, um den Zweifel an der Entwicklung des Tieres zum Menschen zu überwinden, muss man im Glauben leben. Man muss Gedanken ebenso hoch werten können wie Flintenkugeln oder Geldstücke. Man muss Möglichkeiten lieben und in sich pflegen können, man muss in sich selbst Zukunftsahnung und

Entwicklungsräume spüren und träumen können.« Das trifft genau das, was der Hebräerbrief mit den Worten ausdrückt: »Der Glaube ist eine gewisse Zuversicht des, was man nicht sieht.«

Freilich geht für Hesse Religion nicht in Moral auf. Und eine Ethik, die nicht in einem Menschenbild wurzelt, wird beinahe zwangsläufig zur abstrakten oder bigotten Moral.

Hesse denkt und fühlt universalistisch; aber nicht gleichmacherisch. Hermann Hesse war zeitlebens weit davon entfernt, das Christliche absolut zu setzen, so zeigt er zugleich keine Scheu, »Gott« in sein Denken und in seine Literatur wie selbstverständlich zu integrieren.

Tief eingepflanzt hat sich ihm das Tötungsverbot, radikalisiert in der Bergpredigt. Es geht nicht nur um den Tod in den dummen Schlachten, in den dummen Straßenschießereien der Revolution oder den dummen Hinrichtungen, sondern auch darum, wie viel wir *im* Menschen töten, wo wir das Leben nicht anerkennen; jede Härte, jede Gleichgültigkeit, jede Verachtung ist nichts anderes als töten!

Die Geistigen, die Dichter, die Seher, die Narren und Zukunftsmänner sieht er in denjenigen am Werk, die Hoffnungsbäume pflanzen und dabei wissen, dass viele der Träume sich als Irrtümer, als Irrwege und als fehlgeschlagene Versuche erweisen können. Sie sind es, die dennoch daran festhalten, dass der Same ihrer Ideen aufgehen wird. Dies ist nicht nur eine Sache von herausgehobenen Menschen, sondern die Aufgabe jedes Menschen in seinem Leben, Tag für Tag, Schritt für Schritt weiterzukommen auf dem Wege vom Tier zum Menschen. Hesse eignet sich nicht als Lektüre im Schützengraben.

Er beklagt, dass einzelne Künstler und Gelehrte den Krieg in ihre Studierzimmer tragen und am Schreibtisch blutige Schlachtgesänge verfassen und damit den Hass zwischen den Völkern nur noch nähren, während andere – praktisch wirkungslos – dem mit Protesten entgegentreten. Darin aber sieht Hesse die Aufgabe der Dichter und Künstler: nicht das Schlimme zu verschlimmern, das Hässliche und Beweinenswerte zu vermehren, sondern mitten im Krieg daran festzuhalten, dass die Überwindung des Krieges zur abendländischen Gesittung gehört.

Jeder Mensch hat die Fähigkeit und die Pflicht, rechtzeitig zu erkennen, worauf es ankommt, wenn man mit der Fortentwicklung seiner Individualität zugleich dem Menschsein dienen will.

In vielen Variationen wiederholt er, dass jeder Mensch die ihm gegebenen Gaben mit der Einmaligkeit seiner Person auszugestalten habe. Jeder Mensch hat eine ihm zukommende Bestimmung, die er *in sich* finden und als ein Mitmensch nach außen leben soll.

Jeder Mensch habe das ihm Zugewiesene auf seiner Stufe zu tun. Wenn er das Mitgegebene lebt und auslebt, hat er alles richtig getan; so wird er gerechtfertigt, nicht wegen der Menge und Höhe seiner Leistungen, sondern um des Auslebens seiner Möglichkeiten, seiner Gaben. Das ist die Hesse'sche Auslegung der protestantischen Rechtfertigungstheologie.

Als einen solchen Anwalt empfindet sich Hesse gegenüber den mächtigen Institutionen, die den Einzelnen zu verschlucken drohen, ob nun Kirchen, Staaten, Kollektive, Ideologien, Kommunisten oder Faschisten. Um die Behauptung des Individuums geht es ihm, um Stärkung des Individuums gegen die Ansprüche der Institutionen, ihn in Gehorsamsleistungen zu zwingen. Daher auch seine große Skepsis gegenüber der deutsch-protestantischen Theologie, die an der Universität viel von »Freiheit«, »Persönlichkeit«, »Dynamik« etc. pp. redet und nachher – in der Praxis – aus dem Pfarrer und der Kirche ein liebedienerisches Werkzeug für den Staat, für den Kapitalismus, den Krieg etc. macht.

Für Hesse sind es nicht die Mächtigen und die Machtmenschen, die ihm imponieren, sondern Buddha, Lao-tse, Jesus, Franz von Assisi. Einem jungen Mann, der so etwas wie Anlehnung und einen Führer sucht, empfiehlt er gerade die Menschen, die zart und schwach sind, die trotz Krankheit und Schwäche prachtvoll mit dem Leben fertig werden, und empfiehlt ihm, sein eigenes und kein Dutzend-Leben zu führen.

Wie wichtig sind Hesses Einsprüche gegen unsere börsenabhängige Kultur geblieben! Wie wenige sind bereit, sie zu hören. Der innere Reichtum im Menschen wäre zu entfalten, denn im Äußeren könnten nicht nur wir selbst, sondern die ganze Welt auf der schiefen Bahn bleiben. Zum Reichtum gehört die Bewahrung der Schätze der Kultur, unser geistiger Reichtum. Das hat zur Voraussetzung die Fähigkeit zu sehen, zu spüren, zu empfinden, zu staunen.

Hesse lesen hilft, von innen her im Äußersten zu bestehen, dem Traum im alltäglichen Leben Raum zu geben. Durch ein Lesen, das unter die Oberfläche reicht.

Die Utopie des Vielleicht
Aus den Erzählungen der Chassidim von Martin Buber

Der eine ganze Generation prägende Generalsekretär der Evangelischen Studentengemeinden in der DDR, der vorherige Jenaer Studentenpfarrer und nachmalige Theologieprofessor Klaus-Peter Hertzsch, hat mir 1962 mit einem Vortrag in Halle die Augen geöffnet für die sowjetische Literatur. Ich weiß den Titel noch genau: »Schlacht unterwegs – Sowjetische Literatur von Eisenstein bis Jewtuschenko«.

Er schlug die Brücke zwischen Literatur und Theologie. Er legte den politisch-emanzipatorischen Charakter der Poesie frei. Er hatte als Theologe über Brecht promoviert und ein sehr populär gewordenes Büchlein über Jona und den Walfisch veröffentlicht. In Ost und West, diesseits und jenseits der Mauer wurde diese bearbeitete Novelle »Jona« gelesen oder gesungen.

Der ganze Fisch war voll Gesang
...

Ihr sollt in Häusern und in Hütten
Den Herrn um sein Erbarmen bitten.
Vielleicht ist es noch nicht zu spät,
dass unsre Stadt nicht untergeht.

Das geht mir nach. Das »Vielleicht« hält angesichts der drohenden Katastrophe eine Tür der Hoffnung auf, und sei es nur eine kleine. Das Unheil wird nicht zwangsläufig über uns kommen. Noch besteht die Chance einer notwendenden Umkehr.

Das »Noch« flankiert das »Vielleicht« – und es wird 2018 gesprochen, nach dem Scheitern der Weltklimakonferenz in Kopenhagen 2010 und nach der ersten erfolgreichen Konferenz im Dezember 2015 in Paris, nach dem Scheitern mehrerer Afghanistankonferenzen, nach dem Verfehlen des Millenniumsziels der UNO, nämlich der Halbierung des Hungers bis 2015.

Sieben Jahre Krieg in Syrien – ohne Aussicht auf ein friedliches Ende, aber mit dem Tiefpunkt der Hilflosigkeit der UNO – bedrücken. Flüchtlingsströme drohen unser liberales, weltoffenes Staatenbündnis EU aufs Spiel zu setzen, Abschottung zu fördern, Solidarität abzuweisen und unsere ins Nationalistische driftenden Nationen zu »überfordern«.

Genau wahrzunehmen, was ist, ist eine Voraussetzung dafür, zu erkennen, was sein kann. Doch das Faktische ist nicht alles. Vielleicht hilft die zeitgemäße, weil bescheidenere Form der Utopie des »Vielleicht«: Vielleicht ist noch eine Chance. Der heidnische König von Ninive fragt bei vorausgesagter und vorauszusehender Katastrophe vorsichtig: »Wer weiß? Vielleicht lässt Gott es sich gereuen und wendet sich ab von seinem grimmigen Zorn, dass wir nicht verderben.« (Jona 3,9)

Nachdem uns alles Voll- und Großmundige der Hoffnung mit dem Scheitern des Sozialismus, mit der nach Ende der Blockkonfrontation ausgebliebenen Friedensdividende, mit dem Desaster der Weltarmutskonferenzen der UNO, mit der Mauer der Aussichtslosigkeit durch das heilige Land und durch die Hoffnungsstadt Jerusalem oder mit den schmerzlichen Rückschritten in der Ökumenebewegung vergangen ist, bleibt uns das kleine Vielleicht einer wunderbaren Wendung der Dinge, ganz so, wie wir in unserer Alltagserfahrung sagen: »Vielleicht kommt er doch noch zurück. Vielleicht kommt sie noch rechtzeitig zur Einsicht. Vielleicht ist noch nicht alles ein für allemal entschieden. Vielleicht gibt es Gott, einen Gott, der uns gut ist.«

»Vielleicht« zu sagen ist viel weniger als »Ich bin gewiss«, und es ist viel mehr als »Es ist schon alles gelaufen«. Das Vielleicht bricht den Kreislauf des erbarmungslos Faktischen, der eisernen Notwendigkeiten, der unbeeindruckbaren Kausalitäten auf.

Die Welt ist nicht mehr zu retten. Wir sind weltweit und unwiderruflich auf der schiefen Bahn. Vor allem, was die Ausbeutung unseres Globus, die eskalierende Weltungerechtigkeit und die Hoch-Rüstung anlangt.

Dann kam 1985 überraschend Gorbatschow auf die politische Bühne. Jahre der Hoffnung folgten. Nun spricht wieder alles für Niedergang, zumal angesichts des unberechenbaren und extrem narzistischen Donald Trump, der fast alle bisherigen (welt-)politischen Regeln und Gepflogenheiten außer Kraft setzt.

Das Weltfinanzsystem ist äußerst fragil geworden. Atomare Abrüstung war gestern. Das Weltklima verändert sich dramatisch. Der Terrorismus wird immer gefährlicher. Katastrophisches kommt unentrinnbar auf uns zu. Hunger in der Welt schreit zum Himmel. Visionen sind uns ausgegangen. Noch geht es uns in Deutschland ganz gut, auch weil bisher die Furie des Neonationalismus beherrschbar geblieben ist. Die Rede vom »Ende der Geschichte« bekommt einen ganz anderen Sinn als vorausgesagt.

Da ist es das ernüchtert-realistische, bescheidene, motivierende und aktivierende »Vielleicht«, das Menschen *nicht* einfach abwarten lässt und somit selbst das böse Ende *nicht* festschreibt. Das Vielleicht der Hoffnung gegen alle guten Gründe des Aus-und-vorbei-Sagens.

Es sind zwei Grundhaltungen zur Wirklichkeit, die Martin Buber in einer seiner vielsagenden chassidischen Erzählungen aufeinandertreffen lässt:

Einer der Aufklärer, ein sehr gelehrter Mann, der vom Berditschewer gehört hatte, suchte ihn auf, um auch mit ihm, wie er's gewohnt war, zu disputieren und seine rückständigen Beweisgründe für die Wahrheit seines Glaubens zuschanden zu machen. Als er die Stube des Zaddiks betrat, sah er ihn mit einem Buch in der Hand in begeistertem Nachdenken auf und nieder gehen. Des Ankömmlings achtete er nicht. Schließlich blieb er stehen, sah ihn flüchtig an und sagte: »Vielleicht ist es aber wahr.« Der Gelehrte nahm vergebens all sein Selbstgefühl zusammen – ihm schlotterten die Knie, so furchtbar war der Zaddik anzusehen, so furchtbar sein schlichter Spruch zu hören. Rabbi Levi Jizchak aber wandte sich ihm nun völlig zu und sprach ihn gelassen an: »Mein Sohn, die Großen der Thora, mit denen du gestritten hast, haben ihre Worte an dich verschwendet, du hast, als du gingst, darüber gelacht. Sie haben dir Gott und sein Reich nicht auf den Tisch legen können, und auch ich kann es nicht. Aber, mein Sohn, bedenke, vielleicht ist es wahr.« Der Aufklärer bot seine innerste Kraft zur Entgegnung auf; aber dieses furchtbare »Vielleicht«, das ihm da Mal um Mal entgegenklang, brach seinen Widerstand.

Diese Begegnung lehrt uns mehr als eine längere philosophische oder theologische Abhandlung. Sie will einfach gelesen, will ganz verstanden werden. Sie deutet sich indes selbst. Und doch sei's nachbuchstabiert:

---

[1] Martin Buber, Die Erzählungen der Chassidim, Zürich 1992, S. 363.

Der Aufklärer ist voll von Kühle. Er hat gute, scharfsinnige Argumente. Der Zaddik ist voll Leidenschaft und hat nichts als sein »furchtbares ›Vielleicht‹«. Das ist die Kraft der Begeisterung, die keine Beweisgründe braucht und deshalb auch weiter reicht als alle Argumente. Der Dialog zwischen diesem rational-nüchtern Fragenden und dem begeistert Schauenden kann sehr produktiv sein. Der Dialog verkommt, wenn der von einem Positiven Begeisterte von den Zynikern des eisigen Realismus verlacht, ja verhöhnt wird.

Die Neujahrspredigt Margot Käßmanns von 2009 und all die bös unterstellenden Reaktionen sind ein Beispiel für abgebrochenen Dialog und festgefahrene Tabus. Hatte sie 2009 nicht recht, die Situation in Afghanistan 2018 bedenkend: Was ist gut in Afghanistan?

Aber sie, die als naiv Gescholtene, hielt am Vielleicht der Hoffnung fest, als eine vom Geist Christi Erfasste, doch die Erdung nicht Unterlassende. Auch nach ihrem Sturz. Sie blieb mitten im Leben, auch wenn sie nicht mehr institutionell das Gesicht des Protestantismus sein konnte, behielt sie Haltung, Ausstrahlung und Hoffnung.

Das Vielleicht bricht das Eis. Und vielleicht bricht das Eis. Doch nicht so, dass wir miteinander einbrechen.

VIELLEICHT TRÄGT DAS EIS

Des Büchermachens ist kein Ende
Eine Hommage auf die deutschen Buchhandlungen

Zum Neuen Jahr bekam ich eine originelle Karte mit einer Karikatur: Da liegen die berüchtigten Bestseller des Jahres, deren Titel nur zu nennen eine Vergeudung geschenkter wertvoller Lebenszeit wäre. Ein Buchhändler empfiehlt einem offensichtlich irritierten Kunden ein Buch mit den Worten: »Das kann ich Ihnen empfehlen. Es steht auf keiner Bestsellerliste.«

Die Buchhandlungen gehören in Deutschland zur unverzichtbaren Substanz unserer Kultur. Wo heute so viel geschlossen wird, ist es eine wunderbare Nachricht, wenn jemand eine Buchhandlung eröffnet – und dabei auch noch das Wagnis der Qualität eingeht.

Die Buchhandlungen (eben nicht bloß Buchläden!) sind in Deutschland einzigartige Orte unserer Kultur. Hier rangiert das Buch nicht neben oder unter dem ganzen Ramsch der Dinge, die man (nicht) braucht, wo sie in große Kisten abgekippt, geworfelt oder aufgestapelt sind oder zur Massenware von »Bestsellern« herabgewürdigt, jener fragwürdigen Zahlenolympiade des schnell Verkauften.

Buchhandlungen sind Orte der Inspiration, des Verweilens, der Begegnung mit dem Buch – mit so diskreter wie einfühlsamer Fachberatung. Jedes Buch hat ein Gesicht. Jedes Buch hat eine Gestalt. Jedes Buch hat eine Farbe. Jedes Buch fasst sich anders an. Ein Buch in den Händen zu halten ist ein ganz eigenes Vergnügen.

Bert Brecht nennt in seinem Gedicht »Vergnügungen« das Buch an zweiter Stelle:

Der erste Blick aus dem Fenster am Morgen.
Das wiedergefundene alte Buch
Begeisterte Gesichter
Schnee, der Wechsel der Jahreszeiten...

Geht es Ihnen nicht auch so, wenn Sie sich an die Bücher erinnern und Sie sie in Ihrem Regal suchen, dass Sie sich an die äußere Gestalt des Buches erinnern – an Cover, Größe, Stärke, Farbe, Schriftbild?

Das Buch bleibt eine Bastion der Anspruchskultur: wo sich Autor und Leser einem Anspruch stellen, so erhebend wie unterhaltend. Nicht enthüllend-ehrlich oder gnadenlos niedermachend, sondern so (selbst-)kritisch wie nachsichtig – um sich selber und seine eigenen Brüche wissend.

Das Buch ermöglicht schnellen, eigenen, souveränen, wiederholten und äußerst mobilen Zugang. Das Buch bleibt tragbar und übertragbar. Es lebt nicht vom ständig Neuen, sondern von der Neuaneignung in jedem Zeitalter – wie in den Phasen des eigenen Lebens(alters).

Es ist äußerst erkenntnisfördernd, wenn man sich prüft, in welchen Lebensphasen man was (und was nicht) gelesen hat. Wie weit fühlten Sie sich dabei einbezogen in das, was Sie gelesen haben?

Manches, was Sie früher tief anrührte, lässt Sie heute ganz kalt – und umgekehrt.

Im guten Buch verteidigen wir unser kulturelles Erbe. Wogegen? Gegen gelangweilte und deshalb kick-besessene Achtlosigkeit, gegen Gefühls- und Gedankenleere, gegen Niveauverlust, kulturelle Selbstverblödung durch einen spezifischen medialen Über- und Ausguss, jenem sprichwörtlich gewordenen »Sich-zu-Tode-Amüsieren«.

Das ist eines der Geheimnisse des Buches: dass ich Ort, Zeit und Zeitdauer meines Lesens, meines »Befassens« bestimme. Das Lesen vereinzelt mich – und zugleich verbindet es mich. Ich tauche in die Welt des Beschriebenen ein oder finde mich in fremden Dialogen wieder.

Ich bin überdies – im glücklichsten Falle – im Gespräch mit denen verbunden, die das Buch auch gelesen haben, oder ich erzähle davon, wecke in anderen Interesse. Ständig ist das Buch auf der Suche nach Kommunikation. Und es stiftet Kommunikation, nachdem es vereinzelt hat.

Bestsellerlisten können als Orientierung dienen, aus der Überfülle des Angebots statistisch das herauszufinden, was viele lesen.

Darin meldet sich (unausgesprochen) auch das Bedürfnis nach Kommunikation mit anderen, die es auch gerade lesen. Unsere Sehnsucht nach Kommunikation wird in vielfältiger Weise durch das Buch gestillt, freigelegt und angeregt. Wir finden Sprache für bisher unaussprechbar Gewesenes. (Ich denke an Max Frischs »Stiller« oder die Gedichte Gottfried Benns.)

Man möchte mit jemandem reden können über das Gelesene, verbunden sein durch Lektüre. So kann man befreiend »vermittelt« über sich selbst reden.

Was viele lesen wollen, kann nicht schlecht sein, denken wir – und greifen oft zu, ahnend, wie Erfolge auch gemacht werden, wie wir selber Objekte eines Verkaufskalküls werden. Fast jeder möchte doch irgendwie »dabei sein«. Aber sind statistisch ermittelte Bestseller wirklich noch Orientierungen, zumal wenn ich manche Titel unter der Rubrik »Sachbuch« finde, die eindeutig in die Kategorie »Trash« gehören?

Zum Problem wird der Überfluss an Büchern! Wie soll man sich in der Überfülle durchfinden? Also doch lesen, was alle lesen? Oder in eine gute Buchhandlung gehen, suchen, blättern, sich beraten lassen.

In der Zeit des *Mangels* in der DDR lasen alle das, was kaum oder gar nicht zu bekommen war. Für uns hieß es: Was »die da oben« nicht wollten, das musste gut sein. Und so wurde die Enge der Gerontokraten ein Kriterium für die Auswahl, ja für die Qualitätsanmutung. Manche sehnen sich heute nach den Zeiten dieses Mangels, weil sie irritiert sind durch zu bunte Überfülle.

Da können elektronische Medien durchaus Hilfestellung geben, die zu Mitnahmeeffekten für Bücher führen, etwa nach der Verfilmung der »Jahrestage« von Uwe Johnson. Das Buch von Inge und Walter Jens über »Frau Thomas Mann« wurde im Zusammenhang mit dem Thomas-Mann-Film zum Bestseller. Auch Qualität kann eben Bestsellerrang erreichen! Oder wer wäre darauf gekommen, je Max Aub zu lesen, wenn Elke Heidenreich ihn nicht auf eine so wunderbare Weise empfohlen hätte?

Worauf ich hinauswill: Das Buch braucht Empfehlung. Das Buch braucht die Buchhändler und Buchhändlerinnen. Das Buch ist immer wieder auf Vermittler angewiesen – so, wie es auf Gespräch aus ist.

Bisweilen geben sich gar Statistik und Qualität die Hand. Sebastians Haffners »Ein Leben in Deutschland« hat mir etwas erhellt, was ich noch nirgendwo so habe lesen können. Und ich habe erfahren können, dass man wissen konnte, was geschieht. Und wie viele es nicht wissen wollten. Und dass mein Vater auch zu denen gehörte, die nicht wussten oder sich nicht trauten zu wissen, was geschah. Mit solchen Büchern lerne ich Leben verstehen.

Und ich erlebe mit, wie »mutig« Professoren stets waren und sind beim Analysieren, ohne Positionen zu haben,

Büchners »Leonce und Lena« an der Volksbühne oder Volker Brauns Hinze-und-Kunze-Roman, Plenzdorfs »Neue Leiden«, Heyms »König David Bericht« veränderten gesellschaftliche Wirklichkeit durch Bewusstseinsbildung – mit allgemeiner Aufmerksamkeit gerade durch die Kritik der geistigen Zensoren.

Ich fürchte inzwischen, dass die gegenwärtige allgemeine Volksverblödung gefährlicher ist als die ideologische Knebelung in kommunistischer Zeit. Der Verlust von Ernsthaftigkeit (mit Event-Süchtigkeit), Verlässlichkeit, Glaubwürdigkeit und geistiger Tiefe der politischen Klasse ist Symptom unserer Gesamtsituation.

Ich habe die wiederholte Klage Joachim Kaisers im Ohr, dass er auf öffentlichen Zusammenkünften, jenen berüchtigten Häppchen-Empfängen, kaum Leute findet, mit denen er ein gemeinsames Thema finden könnte – ein Gespräch, das sich irgendwie lohnte. Er meint, es gäbe so viele dumme Menschen. »Dumme Menschen langweilen mich«, sagt er. Das hat zu tun mit dem Kehraus der großen Kultur im Kult des Events – im Verzicht auf Anspruch. Wobei ein spannend erzähltes Buch gewiss nicht gleich anspruchslos ist.

Ich vertraue im Grunde darauf, dass sich Qualität immer wieder durchsetzt und dass das Buch es aushält, wenn das Seichte, Banale, Anspruchsresistente, klamaukige und Sensationslüsterne die »Charts« der Event-Spaß-Kultur stürmt. Zugleich muss man sich schon fragen, wer sich eigentlich für den kleinen Feldbusch warum interessiert oder wer warum Beate Wedekind liest.

Auf der anderen Seite sehe ich jene kleine Gruppe derer, die ihren Einfluss narzisstisch überhöht: diese unentwegten Schlaumeier, diese formulierungslüsternen Klugscheißer, die sich arrogant, flapsig, postmodern, cool über *alles* hermachen, jene besondere Spezies verhinderter Schriftsteller, die sich als Feuilletonisten und Rezensenten zu verwirklichen versuchen.

Auch hier die wunderbaren Ausnahmen. Ich nenne aus meinem Erfahrungsbereich Friedrich Dieckmann, Kerstin und Gunnar Decker oder Hans-Dieter Schütt und Susanne Gaschke.

Damit ich mich nicht über meine Zeit zu sehr errege, tut es mir irgendwie gut, wenn ich bei Benjamin in dem kleinen Text »Der Weg zum Erfolg – in dreizehn Thesen« (geschrieben vor über 70 Jahren) lese: »Ruhm, besser Erfolg, ist obligat geworden und bedeutet heute durchaus nicht mehr ein Superadditum wie früher. Er ist in einer Epoche, da jedes kümmerliche Geschreibsel in Hunderttausenden von Exemplaren verbreitet ist, ein Aggregatzustand des Schrifttums. Je geringer der Erfolg eines Autors, eines Werkes, desto weniger sind sie ganz einfach vorhanden.«

Genau für dieses scheinbar »nicht Vorhandene« ist die gute Buchhandlung da: Wo das Wissenswerte, das Gebrauchs- und das Verstehenswissen in *einem* Hause versammelt ist mit dem, was in immer neuen Variationen von dem erzählt, wer wir sind.

Von Seneca bis Luther ergeht die Mahnung, weniges Gutes und dieses Gute mehrfach zu lesen.

Dies ist freilich keine gute Empfehlung für die Buchhändler, wohl aber für eine gute Buchhandlung, die das viele Gute, das wirklich Lesenswerte, anbietet und mit der ganz eigenen Geschicklichkeit an den Mann oder die Frau bringt.

In den sogenannten Nachworten des Predigers Salomo, jenes schonungslosen Realisten der Weisheit, finden sich folgende höchst bedenkenswerte Sätze: (Prediger 12,9-12)

Es bleibt noch übrig zu sagen:
Der Prediger war ein Weiser und lehrte auch das Volk
gute Lehre,
und er erwog und forschte und dichtete viele Sprüche.
Er suchte, dass er fände angenehme Worte und schrie-
be recht die Worte der Wahrheit.
Die Worte der Weisen sind wie Stacheln,
und wie eingeschlagene Nägel sind die einzelnen Sprü-
che ...
Und über dem allen, mein Sohn, lass dich warnen;
denn des vielen Büchermachens ist kein Ende,
und viel Studieren macht den Leib nur müde."

Schließlich fügt der Herausgeber noch an, was die Hauptsumme sei und dass man nicht noch mehr solche Sachen
schreiben soll, denn es ist alles Entscheidende gesagt! –
und die gefährlichen Gedanken des Buches (a-theisti-
sche!) sollten eines nicht aus dem Auge verlieren (Prediger
12,13):

Lasst uns die Hauptsumme aller Lehre hören:
Fürchte Gott und halte seine Gebote,
denn das gilt für alle Menschen.

Ein Erschrecken muss bleiben über die Schonungslosig-
keit der Wahrheit.

Was wir suchen, sind immer angenehme Worte, die leicht
eingehen, die die Leute gerne hören. Aber die Worte der
Weisen sind wie Stacheln und wie eingeschlagene Nägel.

Eine Frau, die sich keinen Schmerz erspart hat und
dem Schmerz hat Sprache geben können, Ingeborg Bachmann, schreibt in ihrer Schlüsselerzählung »Das 30. Jahr«
und erzählt damit etwas von sich:

»Wäre ich nicht in die Bücher eingetaucht, in Geschichten und Legenden, in die Zeitungen, die Nachrichten, wäre nicht alles Mitteilbare aufgewachsen in mir, wäre ich ein Nichts, eine Versammlung unverstandener Vorkommnisse.«

Also ums Eintauchen in die Welt geht es, des Realen und Fiktionalen, wie in die Nachrichten vom gestrigen Tag. Sonst bliebe alles eine Ansammlung unverstandener Vorkommnisse. Es geht also um die Verknüpfung von Geschichten und Legenden mit dem, was ich in der TAGESSCHAU zu sehen bekomme. Sich und seine Welt verstehen und das Mitteilbare mitteilen – »Geh, Gedanke, geh.«

Vielleicht hilft wirklich nur der getröstete Pessimismus, der sich im Prediger Salomo (3,12ff.22; 12,7) manifestiert und davor bewahrt, sich etwas einzubilden:

Es ist alles eitel. (Bildet euch nur nichts ein.)
Es gibt nichts Schöneres unter der Sonne, als fröhlich zu sein und sich gütlich zu tun in seinem Leben. Denn ein Mensch, der da ist und trinkt und hat guten Mut bei all seinem Mühen, das ist eine Gabe Gottes.

Ich sah, dass nichts Besseres ist, als dass ein Mensch fröhlich sei in seiner Arbeit; denn das ist sein Teil.

Denn der Staub muss wieder zur Erde kommen, wie er gewesen ist,
und der Geist wieder zu Gott, der ihn gegeben hat.

Der Geist ist hebräisch »Ruach« und heißt nichts anderes als Hauch oder angehauchte Erde. Mit Lebensodem.

Was sind wir? Zum Geist erhobener Staub, der wieder zu Staub wird.

Und Weisheit ist, zu wissen, was geschieht, zu wissen, dass das Leben zu Ende geht. Leben im Jetzt des Glücks, im Reichtum der Weisheit, im Genuss der Sinne. Warte nicht auf bessere Zeiten. Jetzt ist deine Zeit. Sie ist unwiederholbar, unendlich kostbar. Sie verrinnt dir.

Und dazu ist es in einer Zeit, in der des Büchermachens kein Ende ist, nötig, weniges Gutes zu lesen.

Dazu gehört auch, ein sinnliches Verhältnis zum Buch zu entwickeln: wie es sich anfassen, anschauen, durchblättern, zuklappen lässt.

Ein sinnliches Verhältnis zum Buch kommt aus einem sinnlichen Verhältnis zum Wort. Worte bekommen Pawlowsche Reflex-Qualität, wo mit ihnen ganze Welten auftauchen, die die Welt im Ganzen so einfangen, dass ihr ihr Geheimnis bleibt.

Ich nenne den Pawlowschen Reflex bei mir: bei Storms »Die Stadt«, bei Hesses »Im Nebel«, bei Kafkas »Schloss«, bei Bölls »Brot der frühen Jahre«, bei Brechts »Lob des Kommunismus«, bei Lenz' »Heimatmuseum«, bei Wolfs »Kassandra«.

So hat wohl jeder seine Pawlowschen Reflexe – vom Rotkäppchen und dem Wolf bis zu Gretchen und dem Faust.

Und ein guter Autor wünscht sich Leser, wie Hermann Hesse sie sich wünscht: »*Ein* wahrhaft guter Leser ist viel mehr als hunderttausende Oberflächliche. Daher sind auch die Unternehmungen, die Siege und Gründungen der Diktatoren, Eroberer etc. so wenig haltbar, die alle nur der Quantität gelten und mit Hilfe der Quantität gemacht werden.«

Freilich braucht man dazu Verlangsamung, Konzentration, Zeit, Aussteigen aus seiner Zeit, denn »gedankenloses, zerstreutes Lesen ist geradeso wie Spazieren gehen in schöner Landschaft mit verbundenen Augen. Wir sollen auch nicht lesen, um uns und unser tägliches Leben zu vergessen, sondern im Gegenteil, um desto bewusster und reifer unser eigenes Leben wieder in feste Hände zu nehmen.« (So Hermann Hesse.)

Erst ein solches vertieftes Lesen, ein Nachdenken, das innere Räume öffnet und mir ermöglicht, etwas hinzuzuziehen, nämlich mein Leben und meine Erfahrung – *das* Buch lohnt sich.

Kaum einer hat sich so viele Gedanken über Ziel und Wirkung von Lesen gemacht wie Gotthold Ephraim Lessing, der in seinem Nachlass vermerkt:

»Wen die Bücher nicht fähig machen, dass er auch das verstehen und beurteilen lernt, was sie nicht enthalten, wessen Verstand die Bücher nicht überhaupt schärfen und aufklären, der wäre wahrscheinlich viel schlimmer dran, als wenn er gar keine Bücher gelesen hätte.« Bücher bekommen eine Macht über uns, die uns in Freiheit zu versetzen vermag.

Lebenslust und Leselust

Es gibt eine Leselust, die einem Lebenslust gibt, sie erneuert, sie wieder hervorruft. Es gibt Bücher, die dich gefangen nehmen, ganz in ihren Bann ziehen und dich dabei geradezu freier machen, weil sie das Leben in einen anderen Horizont ziehen, in den »Atem der Freiheit« – wie die Reden von Vaclav Havel, die Essays von Christa Wolf, die Briefe von Lew Kopelew, die Gedichte, die Oden von Pablo Neruda, die Aphorismen von Stanislaw Jerzy Lec, ganz zu schweigen von »Joseph und seine Brüder« von Thomas Mann. Ich lese gerade die Biographie über Mascha Kaléko und bin gerührt, berührt, aufgerührt und aufgehoben.

Ich frage Sie: »Könnten Sie Autoren nennen, ohne die Sie sich Ihr Leben nicht denken können und nicht denken mögen?«

Ich nenne die Lyrikerin Hilde Domin (»Unaufhaltsam«), den Liederdichter Paul Gerhardt (»Geh aus, mein Herz, und suche Freud«), den Philosophen und Literaten Albert Camus (»Der Mensch in der Revolte«), den Stückeschreiber und politischen Lyriker Bert Brecht (»Der gute Mensch von Sezuan«; »Lob des Zweifels«), den Dichter der Freiheit Friedrich Schiller (»Don Carlos« und das Gedicht »Hoffnung«: »...Es reden und träumen die Menschen viel«), den Denker und Kämpfer der Toleranz Gotthold Ephraim Lessing (»Nathan der Weise«), den Schweizer Max Frisch (»Andorra«) und Kurt Marti (»Zärtlichkeit und Schmerz«). Ernest Hemingway (»In einem anderen Land«), Arundhati Roy (»Der Gott der kleinen Dinge«), Anatoli Rybakow (»Die Kinder von Arbat«), José Saramago (»Die Stadt der Blinden«), Amos Oz (»Judas«), György Konrád (»Antipolitik.

Mitteleuropäische Meditationen«), Carl Friedrich von Weizsäcker (»Der Garten des Menschlichen«).

Und ich kann Klage führen, mich mitsorgen um den »unaufhaltsamen Verlust meiner Augen« (Ingeborg Bachmann).

Und nicht zu vergessen die »DDR-Autoren«, die gebliebenen, die gegangenen und die verjagten, die halfen, das Mauersystem zu überstehen in beständigem »Training des aufrechten Gangs« (Volker Braun).

Grundlegend waren wohl auch die von den Eltern vorgelesenen oder nacherzählten Märchen der Sammler Jakob und Wilhelm Grimm (»Hans im Glück« und »Vom Fischer un sine Fru«).

Und nun spüre ich, wen ich alles weggelassen habe, weglassen musste, etwa den Universalisten Johann Wolfgang von Goethe:

Wär nicht das Auge sonnenhaft,
die Sonne könnt es nie erblicken.
Läg nicht in uns des Gottes eigne Kraft,
wie könnt uns Göttliches entzücken?

Und für mich gehören dazu, so erschütternd wie aufrichtend, der Sammler der Jesusworte in der sogenannten Bergpredigt (Matth 5–7), das Kollektiv der expressiven Psalmenbeter (Psalm 1–150), der getroste Nihilist, der »Prediger Salomo« genannt wird (»Es gehet dem Menschen wie dem Vieh«) und des Paulus Liebeslied im ersten Brief an die Korinther im 13. Kapitel: »Wenn ich mit Menschen- und Engelszungen redete und hätte der Liebe nicht, so wäre ich ein tönernes Erz oder eine klingende Schelle...

Jetzt erkenne ich stückweise; dann aber werde ich erkennen, gleich wie ich erkannt bin. Nun aber bleiben Glaube, Hoffnung, Liebe, diese drei; aber die Liebe ist die größte unter ihnen.«

Bitte, bachten Sie auch die folgende Seite

Radius-Verlag · Alexanderstraße 162 · 70180 Stuttgart
Fon 0711.607 66 66   Fax 0711.607 55 55
www.Radius-Verlag.de   e-Mail: info@radius-verlag.de